产业集聚对中国旅游业全要素生产率的影响研究

郭 悦◎著

中国旅游出版社

项目策划：段向民
责任编辑：孙妍峰
责任印制：钱　宬
封面设计：武爱听

图书在版编目（CIP）数据

产业集聚对中国旅游业全要素生产率的影响研究 / 郭悦著. -- 北京 : 中国旅游出版社, 2023.11

ISBN 978-7-5032-7234-9

Ⅰ. ①产… Ⅱ. ①郭… Ⅲ. ①产业集群－影响－旅游业－全要素生产率－研究－中国 Ⅳ. ①F592

中国国家版本馆CIP数据核字（2023）第226525号

书　　名：产业集聚对中国旅游业全要素生产率的影响研究

作　　者：郭悦
出版发行：中国旅游出版社
（北京静安东里6号　邮编：100028）
http://www.cttp.net.cn　E-mail:cttp@mct.gov.cn
营销中心电话：010-57377103，010-57377106
读者服务部电话：010-57377107
排　　版：北京旅教文化传播有限公司
经　　销：全国各地新华书店
印　　刷：三河市灵山芝兰印刷有限公司
版　　次：2023年11月第1版　2023年11月第1次印刷
开　　本：720毫米×970毫米　1/16
印　　张：10.5
字　　数：160千
定　　价：59.80元
ＩＳＢＮ　978-7-5032-7234-9

目录

第1章 绪论

1.1 研究背景

改革开放以来，我国国民经济保持了年均10%的高速增长。目前，这种以投资和出口拉动的高速增长已经难以为继，国民经济将进入中高速增长的新常态。在新常态下，如何拉动内需，使消费成为拉动经济增长的主要动力；如何优化产业结构，增加第三产业在国民经济中的比重；这些成为重要而紧迫的问题。旅游产业是许多国家和地区实现经济增长和结构调整的有效切入点和重要突破口，具有综合性强、关联度大、产业链长、涉及行业广等特点。据世界旅游组织统计，旅游产业每收入1元，可带动相关产业收入增加4.3元。另据联合国统计署的具体测定，旅游产业拉动的相关行业达110个。正因如此，国务院于2009年发布了《国务院关于加快发展旅游业的意见》（国发〔2009〕41号），提出把旅游业培育成国民经济的战略性支柱产业和人民群众更加满意的现代服务业。2014年8月，国务院出台了《关于促进旅游业改革与发展的若干意见》（国发〔2014〕31号），进一步指出"旅游业是现代服务业的重要组成部分"，并提出到2020年，旅游产业增加值占国内生产总值的比重超过5%的目标，为将旅游产业打造成为战略性支柱产业制订了具体的时间表。各地方政府也将旅游业置于经济发展战略的核心。截至2013年，全国共有31个省（自治区/直辖市）将旅游产业定位为支柱产业，其中24个省（区/市）将旅游产业定位为战略性支柱产业。

在各地加大对旅游业的投资力度，不断上马新的旅游项目的时候，有学者诟病中国旅游业正在走一条高投入、低产出的发展道路（林源源，2010）。学者们认为目前我国旅游产业的发展主要依靠旅游资源的开发，产品结构单一，配套设施不足，经营效率低下，属于粗放式的增长方式。由于要素累积的有限性，一个产业要获得持续的发展动力，不能只依靠要素累积，而必须依靠生产效率的提高。在国务院发布的《关于促进旅游业改革与发展的若干意见》（国发〔2014〕31号）中明确提出要转变旅游业的发展方式，以转型升级、提质增效为主线，推动旅游产品的多样化，并且在旅游开发中注重资源能源节约和环境保护，从粗放性开发向集约性开发转变。

本研究使用全要素生产率来反映旅游业生产效率的状况。全要素生产率（Total Factor Productivity，TFP）是指总产出中不能由资本、劳动等有形生产要素投入所解释的“剩余”，即在各种有形要素投入水平既定的条件下，所达到的额外的生产效率。全要素生产率的来源包括技术创新、组织创新、管理创新等。2015年3月，时任国务院总理李克强在《政府工作报告》中提到“要增加研发投入，提高全要素生产率”，这是中国政府首次将“全要素生产率”这一概念写入《政府工作报告》。在新常态下，依靠资本和劳动等有形生产要素投入拉动旅游业增长的方式是难以为继的。可以说，提高全要素生产率是新常态下旅游业实现可持续发展的唯一动力，能够有效提升旅游业发展的质量。

新古典经济学的创始人 Alfred Marshall（1890）认为集聚能够提升产业的生产效率。他认为集聚通过促进专业化供应商队伍的形成，劳动力市场共享和知识外溢，提升了集聚区企业的生产效率。新竞争优势理论的代表人物 Michael E. Porter（1998）认为集聚会以一种创新的发展方式使彼此孤立的中小型企业结合起来，最大限度地整合其自然优势和禀赋，提升产业整体的生产效率和竞争优势。新经济地理学的代表人物 Paul R. Krugman（1991）认为产业集聚是影响生产率高低的重要因素。具体来说，产业集聚水平的提高可以通过知识和信息的外溢、共享基础设施和资本劳动力等要素资源、拓展产业前后向联系等多种途径来促进生产率的提高。在当今的世界经济版图中，分布着各种各样的产业集聚区，它们犹如一块块色彩斑斓的“经济马赛克”

镶嵌在世界经济版图中，比如研发和生产电子产品的美国硅谷，机械工业的聚集地德国巴登—符腾堡，服装产业的聚集地意大利东北部等。产业集聚是市场经济自由发展的必然趋势，其所产生的规模效应、循环累积效应、技术扩散效应和创新激励效应等，有利于该地区产业生产效率的提升。

和其他产业相比，旅游产业具有天然的集聚特性（冯卫红，2009）。旅游产业涉及的行业众多，且行业之间多呈水平式的关联。吃、住、行、游、购、娱是一个整体，任何一个环节出现问题，都会影响旅游者的整体体验。正因如此，Michael E. Porter（1998）认为旅游产业是集聚效应最明显、最适合集群化发展的产业之一。从世界各地旅游业发展的实际情况来看，集群化发展趋势明显，形成了许多著名的旅游产业集群，如以纽约—华盛顿—波士顿为中心的美国东部都市旅游集群、以大堡礁为中心的澳大利亚东北部生态旅游集群、以阿尔卑斯山为中心的滑雪健身旅游集群等。我国旅游业在发展的过程中，也出现了产业集聚的现象，如在深圳华侨城附近集中了近二十个主题公园，包括锦绣中华、世界之窗、中国民俗文化村、欢乐谷等；在苏州古城河沿岸形成了历史文化旅游产业集聚区。

目前，我国各省旅游产业集聚的程度有多大？集聚是否促进了我国旅游业全要素生产率的提升？产业集聚对我国旅游业全要素生产率的影响机制是怎样的？产业集聚对中国旅游业全要素生产率的促进是否存在门限特征和空间溢出效应？对上述问题的回答，有利于更加清楚地认识我国旅游业目前的发展状况，为实现我国旅游业的提质增效、转型升级找到切实可行的方法。

1.2 研究意义

（1）理论意义。

第一，本研究以全要素生产率作为衡量旅游产业生产效率的指标，分析了产业集聚对旅游业全要素生产率的影响。全要素生产率衡量了总产出中不能由资本、劳动等有形生产要素投入所解释的“剩余”，反映了产业技术创新、组织创新、管理创新等方面的状况。劳动生产率、资产收益率等要素生产率只能反映出产业的投入—产出关系（比如劳动生产率反映了劳动投入与其他生产投入结合起来生产产出的效率），而全要素生产率反映了产业的“创新”能力，体现了产业发展的品质和潜力。本研究分析产业集聚与旅游业全要素生产率之间的关系，目的在于揭示产业集聚对旅游业创新所带来的生产率增长的影响。把对产业集聚效应的分析，从浅层次对“投入—产出”效率的分析带入到较深层次对于产业创新的影响分析中，丰富了产业集聚对生产率增长影响的研究内容。

第二，目前国内外关于产业集聚的研究主要集中在制造业，针对旅游业集聚的研究较少，且以定性研究为主。作为服务业的重要组成部分，旅游业有其自身特点。旅游业产业集聚的特征和效应，与制造业有所不同。本研究以产业经济学、发展经济学和区域经济学为理论基础，以 2001—2019 年的省级面板数据为样本，实证分析了产业集聚对旅游业全要素生产率的影响程度、作用机制、门限特征和空间溢出效应，对产业集聚理论在旅游产业的应用进行了探索。

（2）现实意义。

我国旅游业正处在从粗放型增长向集约型增长转型的阶段，如何提升旅游业发展的效率和质量，激发创新，以实现中国旅游业的可持续发展，成为重要且关键的问题。产业集聚作为现代旅游业的主要特征和发展方式，具有整合资源、实现规模经济、促进知识外溢等作用，对旅游业的转型升级、提质增效具有积极的推动作用。本书使用 2001—2013 年的省际面板数据，实证分析了产业集聚对中国旅游业全要素生产率的影响程度、作用机制、门限特征和空间溢出效应。在实证分析的基础上，提出促进产业集聚，以提高旅游业发展效率和质量的政策建议，为地方政府有的放矢地制定旅游产业政策提供参考。

1.3 研究内容与研究框架

本书在对产业集聚理论和全要素生产率理论进行综述的基础上，使用区位商作为衡量旅游产业集聚程度的指标；使用 DEA-Malmquist 指数对近年来全国各省旅游业全要素生产率进行了测量和分解，并对产业集聚对旅游业全要素生产率的影响程度、作用机理、门限特征和空间溢出效应进行了实证分析。在实证研究的基础上，提出了提高我国旅游产业集聚水平，以提高旅游业发展效率和质量的政策建议。具体研究内容如下：

第 1 章，绪论。在此部分中，笔者阐述了本书的研究背景和研究意义，并列出了研究内容和研究框架。同时，对本书使用的研究方法和创新之处进行了总结和概括。

第 2 章，理论综述和文献综述。笔者首先对本书涉及的几个主要概念进行了解释和界定。在此基础上，陈述了全书的理论基础，内容包括产业集聚理论、全要素生产率理论、产业集聚影响全要素生产率的作用机制。最后，对国内外关于产业集聚、全要素生产率，以及产业集聚对全要素生产率影响的文献进行了综述。

第 3 章，中国旅游业产业集聚和全要素生产率的现状分析。笔者在对产业集聚水平测度指标进行分析和比较的基础上，选取区位商作为测度旅游产业集聚水平的指标，并对 2001—2019 年全国各省旅游产业的集聚水平进行了测度和比较。同时，本书使用 DEA-Malmquist 指数对中国旅游业的全要素生产率增长率进行了测量和分解，具体来说，将全要素生产率分解为技术进步和技术效率，并将技术效率进一步分解为纯技术效率和规模效率。最后，分别对其时序变化和区域差异进行了分析。

第 4 章，产业集聚对中国旅游业全要素生产率影响的水平与机制。在此部分中，本书分别使用普通最小二乘估计、固定效应模型、工具变量法、系统矩估计，对产业集聚对中国旅游业全要素生产率的影响进行实证分析，并分别考察了产业集聚对全要素生产率的各组成部分（技术进步、纯技术效率、规模效率）的影响程度，探讨了产业集聚对旅游业全要素生产率的作用机制。

第 5 章，产业集聚对中国旅游业全要素生产率影响的门限特征。本书使用面板门限回归方法，对产业集聚对旅游业全要素生产率的促进作用的门限特征进行考察。随后，将全要素生产率分解为技术进步和技术效率，分别考察了产业集聚对二者影响的门限效应。

第6章，产业集聚对中国旅游业全要素生产率影响的空间溢出效应。本书将空间因素纳入模型，对各省旅游业产业集聚影响全要素生产率增长的机制做进一步的拓展性研究，探讨产业集聚对旅游业全要素生产率影响的空间溢出效应。

第7章，主要结论、政策启示与研究展望。在此部分中，笔者列出了全文主要的研究结论，并在此基础上提出了政策建议。同时，指出了本研究的不足及未来的研究方向。

本书的研究框架如图1-1所示：

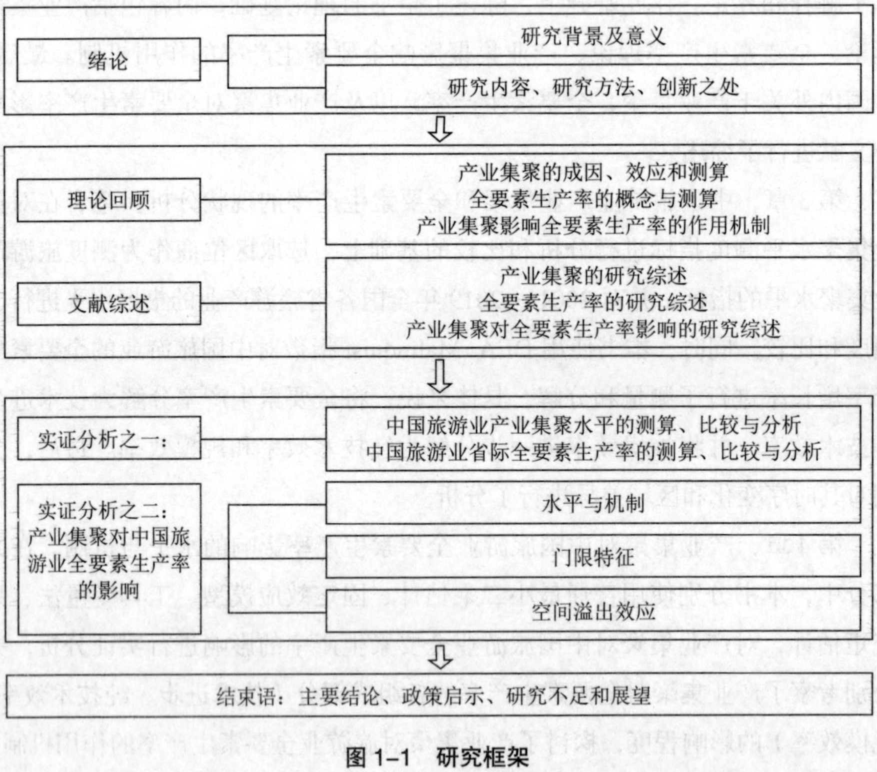

图1-1 研究框架

1.4 研究方法

（1）理论分析。

本书在对产业集聚及全要素生产率理论进行综述的基础上，对国内外相关领域的研究成果进行了梳理和借鉴。采用归纳演绎法，对产业集聚对中国旅游业全要素生产率的影响机制进行了理论上的分析。

（2）实证分析。

在第 3 章中，本书使用区位商测度了旅游产业集聚水平；使用 DEA-Malmquist 指数对中国旅游业全要素生产率进行测量和分解。在第 4 章中，使用普通最小二乘估计（OLS 法）、固定效应模型（FE）、工具变量法（IV）、系统矩估计（SYS-GMM）这四种计量方法对产业集聚对中国旅游业全要素生产率的影响程度进行了实证分析，并分别考察了产业集聚对全要素生产率的各组成部分（技术进步、纯技术效率、规模效率）的影响程度。在第 5 章中，使用面板门限回归方法，对产业集聚对旅游业全要素生产率的促进作用的门限特征进行了考察。在第 6 章中，将空间因素纳入模型，建立空间面板回归模型，对产业集聚对中国旅游业全要素生产率影响的空间溢出效应进行了分析。

1.5 创新之处

本书的创新体现在研究视角、研究内容、研究方法三个方面。

第一，在研究视角上，本书分析了产业集聚对旅游业全要素生产率的影响。在以往关于产业集聚对生产效率影响的研究中，学者们大都考察集聚对劳动收益率、资本报酬率等要素生产率的影响，而忽视了产业集聚对全要素生产率的影响。全要素生产率揭示了产出增长率中扣除要素投入增长率之后的余值，反映了创新因素对生产率提高的影响。本书通过分析产业集聚对旅游业全要素生产率的影响，揭示了产业集聚对旅游业创新所带来的生产率增长的影响。把对产业集聚效应的分析，从浅层次对“投入—产出”效率的分析带入到较深层次对于产业创新的影响分析中。

第二，在研究内容上，本书不仅分析了产业集聚对旅游全要素生产率的总体影响，而且还将旅游业全要素生产率分解为技术进步和技术效率，并分别计量了产业集聚对这两部分的影响程度，从而具体地剖析了产业集聚对旅游业全要素生产率产生作用的机制和渠道。同时，在第 5 章中，本书还对产业集聚对旅游业全要素生产率增长影响的门限特征进行了分析，增强了研究内容的深度。另外，在第 6 章中，本书将空间因素纳入模型，探讨产业集聚对旅游业全要素生产率增长影响的空间溢出效应，对各省旅游业产业集聚影响全要素生产率的机制做进一步的深入研究。

第三，在研究方法上，本书依据实证研究的目标，选择了较为科学的研究方法。具体来说，首先，在第 4 章分析产业集聚对旅游业全要素生产率增长的影响程度和机制时，考虑到关键变量的内生性问题，采用系统矩估计，使获得的结果更加可靠。其次，在第 5 章分析产业集聚对旅游业全要素生产率增长影响的门限特征时，使用了 Hansen（1999）所提出的门槛回归法，对样本进行内生分组，避免了外生分组和交叉项检验等方法的不足。

第2章 理论综述与文献综述

2.1 理论综述

2.1.1 产业集聚理论综述

2.1.1.1 产业集聚的成因和效应

对于产业集聚的研究，涉及众多学科，包括经济学、地理学、管理学、社会学等。不同学科使用不同的称谓描述产业集聚现象，比较常见的有产业集聚（industrial agglomeration）、产业群簇或产业集群（industrial cluster）、产业综合体（industrial complex）等。尽管称谓不同，但这些名词在本质特征上是相同的，都反映了企业及相关机构为了获得竞争优势，而彼此靠近，集结成群的现象。Michael E. Porter从集聚的地理特征出发，以价值链为主线，将产业集聚定义为“在某一特定领域内相互联系的、在地理位置上集中的公司和机构的集合”。联合国工业发展组织将产业集聚定义为：生产或销售一系列相关或互补的产品，面临着相同的机遇与挑战的企业，在特定经济部门和地理区位上集中的现象和机制，其企业构成尤以中小企业为主。本书将产业集聚定义为：在一个特定的产业领域，彼此关联的企业（包括中间产品供应商、专业化服务供应商等）和相关机构（包括大学、研究机构、中介组织、行业协会等）为了获得竞争优势，而彼此联合，集结成群的现象和机制。

产业集聚是市场经济条件下，工业化发展到一定阶段的必然产物，是产业竞争力的重要来源和集中表现。自 Alfred Marshall 提出产业集聚的现象之后，学者们从不同的角度对产业集聚的现象进行了阐释，使产业集聚理论越来越完善和丰富。

2.1.1.1.1　产业区位论

阿尔弗莱德·马歇尔（Alfred Marshall）从新古典经济学的角度，通过对工业组织的研究，说明集聚可以使企业获得外部规模经济。当集中在特定地区的产业持续增长时，会形成大量技术娴熟的劳动力和配套的附属产业，以及专业化的服务性行业，并会引起当地基础设施（如铁路交通等）的改善。与此同时，产业规模的扩大也会引起知识量的增加和信息技术的传播。总体来说，马歇尔关于产业集聚的观点可以概括为三个方面，即劳动力市场共享、专业化附属行业的产生和技术外溢。

对于产业集聚形成的原因，马歇尔认为有以下五个因素。第一，自然条件是影响产业集聚形成的重要因素。在工业革命的背景下，冶金、钢铁、纺织等制造业得到了空前的发展。这些行业在生产过程中需要大量的燃料作为动力。所以，企业为了节省运输成本，在选址时一般都会选择靠近原料产地和燃料来源地的地方。第二，民俗特征、政策制度和政策导向也是影响企业选址的重要因素。第三，偶发事件也在一定程度上影响了企业的选址。第四，该地区从事商业的便利性在一定程度上决定了该地区是否可以成为某一产业的集聚区。商业的便利性具体体现在是否存在相应的服务性行业、是否存在大量技术娴熟的劳动力等方面。第五，交通运输和通信工具的进步也对产业集聚的形成产生了巨大的影响。

总体来说，马歇尔关于产业集聚的观点依托于古典经济学的劳动分工专业化理论。在分析当时发展比较活跃的中小企业产业区时，认为其产生的根本原因是企业为了获得外部规模经济而在某区域集聚，并将产业集聚形成的因素归结为自然条件、政策制度、偶发事件、配套行业、基础设施和交通通信等。

2.1.1.1.2　工业区位论

阿尔弗雷德·韦伯（Alfred Weber）于 1909 年出版了《工业区位论》，是区位集聚论的创始者。在《工业区位论》中，他阐释了产业集聚产生的因素、评价的方法、发展的阶段，并提出了最优集聚规模的概念。对于产业集聚形成的原因，他指出经济利益和成本约束是工业区位形成的根本动力，运输成本和劳动力成本最大限度地影响了企业的选址。韦伯还提出了一系列计算和评价产业空间集聚的概念和工具，诸如原料指数、区位重量、综合等运费线、临界等运费线等。

韦伯将产业集聚分为两个阶段：在第一个阶段，企业通过自身发展而产生规模优势，进而实现集聚；在第二个阶段，各个企业通过相互联系和有效互动形成产业的地方集中化，这是产业集聚的高级阶段。高级阶段的产业集聚具有以下特征：存在灵活的劳动力组织来实现劳动力的高度分工；由于技术设备的发展，生产过程越来越专业化；形成了大量的原料、中间产品、产成品以及相关配套服务的市场；基础设施（自来水管道、煤气管道、街道等）得到了改善，进而降低了企业的一般性开支。

韦伯还提出了最优集聚规模的概念。集聚在降低企业的一般性开支和生产成本的同时，也可能引起其他支出的增加，比如地租。这种力量迫使企业进行分散化生产以降低成本，这种力量被称为分散力。分散力的强弱与集聚规模的大小成正比，集聚规模越大，分散力就越强。韦伯认为，随着产业集聚的不断发展，技术、组织以及市场等因素的集聚作用会越来越弱，而地租等分散力会越来越强。所以，产业集聚效应不会随着集聚规模的增长一直增长，而是会在达到极值后下降。因此，集聚区域需要寻找一个最优的集聚规模，进而实现集聚效应的最大化。

2.1.1.1.3　创新产业集聚理论

约瑟夫·阿洛伊斯·熊彼特（Joseph Alois Schumpeter）用“创新”理论来解释资本主义的基本特征及发展趋势，并创造性地将技术创新引入产业集聚的研究中。熊彼特在解释经济周期或经济波动时指出，除了战争、革命、气候等外部因素，技术创新和产业集聚的非同期因素是经济波动的主要原因。

熊彼特认为创新不是孤立事件，在时间上也不是均匀分布的。并且相反，它们趋于集聚，且成簇地发生。原因在于创新成功之后，大多数企业会步其后尘。另外，创新不是随机地分布于整个经济系统，而是倾向于集中在某些部门及其邻近部门。可见，熊彼特主要是从创新角度来说明产业集聚现象的，认为产业集聚有助于创新，创新有赖于产业集聚，创新并不是企业的孤立行为，它需要企业间的相互合作和竞争，需要企业集聚才能够实现。

2.1.1.1.4　新经济地理理论

美国经济学家保罗·克鲁格曼（Paul R. Krugman）创立了新经济地理学派，将空间因素融入主流经济学研究的范畴中。在对产业集聚进行阐释的过程中，克鲁格曼主要使用了空间经济研究方法，并结合了不完全竞争经济学、递增收益、路径依赖和累计因果关系等理论。

克鲁格曼认为，产业集聚的原因主要有以下三个方面。第一，市场需求。他认为企业一般会选址在市场需求较大的地方，以便获得递增的规模报酬，并以该址作为原点向其他区域输送产品。第二，外部经济效应。克鲁格曼沿袭了马歇尔的观点，认为外部经济有三个来源，分别是劳动力共享、外部专业化资源的投入和服务，以及知识与信息的流动，这三个因素共同构成了产业集聚的重要动力。第三，产业地方化，克鲁格曼指出产业地方化的产生有可能是偶然的，但它会通过自我强化而累积循环发展下去，比如企业一般会选址在市场需求较大的地方，而市场需求会因生产活动的集聚而进一步扩大。当然，这种自我强化的发展模式也可能导致该地区把所有资源集中投入到单一产业中，进而产生锁定，产生巨大的结构性风险。

克鲁格曼提出中心—外围（Core-Periphery）模型，在经济理论中实现了时间和空间的融合，阐明了规模经济、运输成本和要素。克鲁格曼运用“中心—外围”模型，站在更为广泛的国际经济与贸易的视角，对产业集聚及其对经济结构的影响进行了阐释。“中心—外围”模型假设有两个市场，两个区域，且这两个区域的资源不可移动，其中一地的市场规模高于另一地，生产服从规模报酬递增规律。规模报酬递增使得生产趋于集中，由于存在运输费用，市场规模大的区位利润会更高。但是，这种状况并不稳定。因为，若大部分厂商集中在市场规模较大的地方，市场规模较小的地方的厂商会因所在地竞争的减少而获益。若一些资源（如劳动力）可以流动，这些资源会倾向于流动到市场规模较大进而生产规模也较大的区域。这些资源的流入会带来市场规模的进一步扩大，与此同时，资源流出地的市场规模将进一步缩小。市场规模较大的区位就形成了产业集聚。上述分析表明：不同区域市场规模的微小差异（有可能是偶然因素造成的）都会引起产业集聚的循环累积发展。但是，由于并不是所有要素都是可移动的，所以，总存在分散产业集聚的方向动力，即产业集聚的离心力。集聚力和离心力的大小决定了产业集聚是否能够形成以及产业集聚的程度。

克鲁格曼还分别对生产的集中程度和资源的集中程度进行了分析。他认为在现实的经济活动中，生产的集中程度要高于资源的集中程度。原因在于现代生产中的纵向产业链结构，即一个或多个上游部门为下游部门提供生产的投入品，而上下游生产者都要受到规模报酬递增和运输费用的影响。这种前向和后向的产业关联把上下游生产者集中在同一个区域。对于中间产品生产者来说，他们愿意将工厂设于能够获得最大市场规模的地方，即下游产业所在地；而对于最终产业生产者，他们愿意将工厂设在生产供应商的所在地，即上游产业所在地。所以，中间产品生产者、最终产品生产者和原材料供应商出于收益最大化和成本最小化的目的，就集聚于生产供应商所在地，形成了纵向的产业集聚。

2.1.1.1.5　新竞争优势论

迈克尔·波特（Michael E. Porter）是新竞争优势理论派的代表人物。他从企业竞争力的角度分析了产业集聚的形成机制，并提出了著名的“钻石模型”（见图 2-1）。波特将集聚定义为在某一特定领域内相互联系的、在地理位置上集中的公司和机构的集合。它不同于科层组织，而是一种能在效率、效益、柔韧性方面创造竞争优势的空间组织形式。集聚所产生的持续竞争优势源于特定区域的知识、联系和激励，是远距离的竞争对手不能企及的。具体来说，集聚从三个方面影响了企业的竞争优势。第一，产业集群能够提高企业的生产率，使每一个企业在保持柔韧性的前提下，从集聚所产生的规模经济中受益；第二，集聚能够提高群落内企业的创新能力；第三，产业集群能够降低企业进入的风险，促进企业的产生和发展。

波特对产业集聚理论的贡献在于他提出了一个崭新的解释产业集聚的视角，即通过分析企业竞争力来阐释企业集聚的现象，并说明了集聚影响企业竞争力的作用机制。波特还将集群理论嵌入更为广泛的动态竞争理论中去，包括成本战略、差异战略、静态的效率以及动态的升级和创新等理论。与新经济地理学的克鲁格曼相同，波特也将产业集聚看作一个自我增强的系统。这一系统在运转的过程中，部分依赖于人际关系、社会网络、社会资本等，所以波特将网络理论引入产业集群理论的阐释中，并指出集群提供了一种新的理论方法，用以探讨网络、社会资本和公民参与影响竞争的程度和机制。

波特的新竞争优势论的缺点在于他试图用竞争力理论来解释所有的产业集群。而在现实生活中，不同集群有不同的起源、结构、发展动力和轨迹等，试图用高度一般化的结论来概括所有的产业集群现象是有失偏颇的。

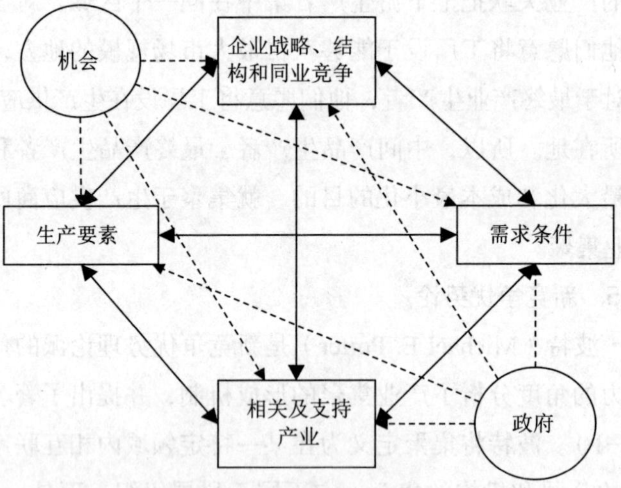

图 2-1　波特的钻石模型

2.1.1.1.6　社会网络理论

社会网络理论是一种重要的社会学研究范式，起源于 20 世纪 30 年代，于 20 世纪 80 年代引入经济学的研究中，用以分析企业间的互动关系。在产业集聚网络型组织中，企业的社会网络包括节点和网线两个部分。节点由企业、机构和中介组织以及它们的组合组成，每个节点之间都平等地保持着互动联系。如果某一项目标需要若干个节点的共同参与，它们之间的联系会有针对性地加强。企业社会网络的网线是以资本融合、长期合作的合同与协议、企业信誉、人际关系、传统习惯等社会资本为纽带联结而成的。由于社会资本的路径依赖性，这种网络关系较为稳定。罗森·菲尔德强调社会关系网络及企业间的合作对产业集聚的发展具有决定性作用。罗森·菲尔德认为产业集聚是一些相似的具有相关性和互补性的众多中小企业在一定地理范围内的集聚，通畅的销售渠道、积极的对话交流，以及共享社会关系网络和劳动力市场与服务会对更多的企业产生吸引，形成循环累积的机制。

社会网络学派认为企业的社会网络关系是一个自构建过程，企业通过各种经济和非经济的活动扩充自己的关系网络。这种关系网络对企业来说是一种资本，可以称之为关系资本。这种资本可以降低企业的交易成本，具体表现在三个方面：第一，稳定的关系网络能够降低各种由不确定性产生的成本；第二，关系网络能够创造企业之间合作共享的氛围；第三，关系网络能够实现优势互补，突破自身能力的限制。总之，合理利用社会资本，将有利于提高企业的经营效益。

2.1.1.2　产业集聚的测量

目前，国内外关于产业集聚测度方法主要有行业集中度、区位商、空间基尼系数、赫芬达尔—赫希曼指数、EG 指数等。这些方法各有利弊，本部分将对测量产业集聚程度的主要方法进行简要介绍。

2.1.1.2.1　产业集中度（Conentration of Industry）

产业集中度也叫市场集中度，是指某个产业内规模最大的几个企业的生产量、销售量、资产总额等对某一产业的支配程度。一般是用这几家企业的某一指标（销售额、就业人数、生产额）占该产业总量的百分比来表示。计算公式为：

$$CR_n = \frac{\sum_{i=1}^{n} M_i}{\sum_{i=1}^{N} M_i} \quad (2-1)$$

其中，CR_n 代表 M 产业的市场集中程度，$\sum_{i=1}^{n} M_i$ 代表规模最大的 n 个企业（n 一般取 4~8）的销售额、就业人数、生产额等之和，$\sum_{i=1}^{N} M_i$ 代表该地区该产业全部企业的销售额、就业人数、生产额等之和。

在测量产业集聚程度的所有方法中，产业集聚度是最简单、最直观的方法，能够直接反映出某个产业的市场集中程度。但是，这种方法的缺陷也十分明显。第一，产业集中度 CR_n 的数值，很容易受 n 的取值的影响。n 的数值越大，表明选取的规模领先的企业数量越多，CR_n 的数值就会越大。第二，该方法不能有效地反映规模领先的几个企业以外的其他企业的集聚状况。

2.1.1.2.2　区位商（Location Quotient，LQ）

区位商，又称生产的地区集中度，由哈盖特（P. Haggett）首先提出并运用于产业经济学分析中。区位商是指一个地区特定产业的产值在该地区总产值中所占的比重与高层次区域该产业产值在高层次区域总产值中所占比重之间的比值。区位商用以衡量某一产业在某一区域的空间分布情况，反映某一产业部门在该区域的专业化程度。区位商的计算公式为：

$$LQ_{ij} = \frac{L_{ij} / \sum_{j=1}^{m} L_{ij}}{\sum_{i=1}^{n} L_{ij} / \sum_{i=1}^{n}\sum_{j=1}^{m} L_{ij}} \quad (2-2)$$

其中，L_{ij} 表示 i 区域 j 产业的产值；$\sum_{j=1}^{m} L_{ij}$ 表示该区域所有产业的总产值；$\sum_{i=1}^{n} L_{ij}$ 表示 i 产业在所有区域的总产值；$\sum_{i=1}^{n}\sum_{j=1}^{m} L_{ij}$ 表示所有区域所有产业的总产值之和。区位商大于 1，可以认为该产业是地区的专业化部门，产业集聚趋势明显。区位商越大，专业化水平越高；区位商小于或等于 1，则认为该地区该产业的产业集聚趋势不明显。在产业集聚的分析和测量中，区位商是一个最常用的指标，其优点在于简单直观，能够形象地反映出某个产业在某个区域的产业集聚水平。但是，区位商是一个衡量产业集聚水平较为粗略的指标，无法准确表示地区内产业部门的生产率与全国同类产业生产率的差异，也不能反映区域经济发展水平的差异性。

2.1.1.2.3　赫芬达尔—赫希曼指数（Herfindahl-Hirschman Index）

赫芬达尔—赫希曼指数，简称 HHI 指数，它是某个产业内所有企业的市场份额的平方和，其计算公式为：

$$HHI = \sum_{i=1}^{n}(x_i / x)^2 = \sum_{i=1}^{n} S_i^2 \tag{2-3}$$

其中，x 表示某个产业市场的总规模；x_i 为产业中第 i 位企业所占有的市场规模；S_i 表示产业中第 i 位企业的市场占有率；n 为产业内的企业数。*HHI* 值越大，表明市场集中度越高。当市场处于完全垄断的状态时，$HHI=1$；当市场上有许多企业，且占有的市场规模都相同时，$HHI=1/n$，n 趋向于无穷大，*HHI* 就趋向 0。*HHI* 指数的优点在于：第一，*HHI* 包含了所要考察产业中的所有企业的市场规模信息，能够反映出产业集中度所无法反映的集中度的差别；第二，由于平方和计算的放大性，*HHI* 对规模较大的前几个企业的市场份额的变化反映特别敏感，因此 *HHI* 能够真实地反映市场中企业之间市场规模的差距以及该产业垄断和竞争程度的变化。该方法的缺点也是很明显的，在计算某个产业的 *HHI* 时，需要收集到该产业中所有企业的市场份额信息，这项工作是非常繁重的，由于个别企业数据的缺失，导致这项工作有时无法完成。因此，*HHI* 的实用性较差。

2.1.1.2.4　空间基尼系数（Space Gini Coefficient）

Lorenz 建立了洛伦兹曲线用以衡量居民收入分配的公平程度。Gini 依据洛伦兹曲线，构建了反映收入分配公平程度的统计指标——基尼系数。Krugman 等依据洛伦兹曲线和基尼系数的原理和方法，构造了空间基尼系数，用以反映产业在空间分布的均衡程度。产业洛伦兹曲线的横轴表示按规模从最小企业到最大企业数目累积百分比，纵轴为这些企业的销售额占市场销售总额的百分比，即市场占有率。产业洛伦兹曲线通常表现为一条下凸的曲线，曲线的凸度越大表明产业分布越不均衡。基尼系数能够反映产业的相对集中度，它是建立在洛伦兹曲线的基础上的，等于均等分布线（对角线）与洛伦兹曲线之间的面积（即图中阴影部分的面积）与以均等分布线为斜边、以横纵轴为直角边构成的三角形面积之比，如图 2-2 所示。

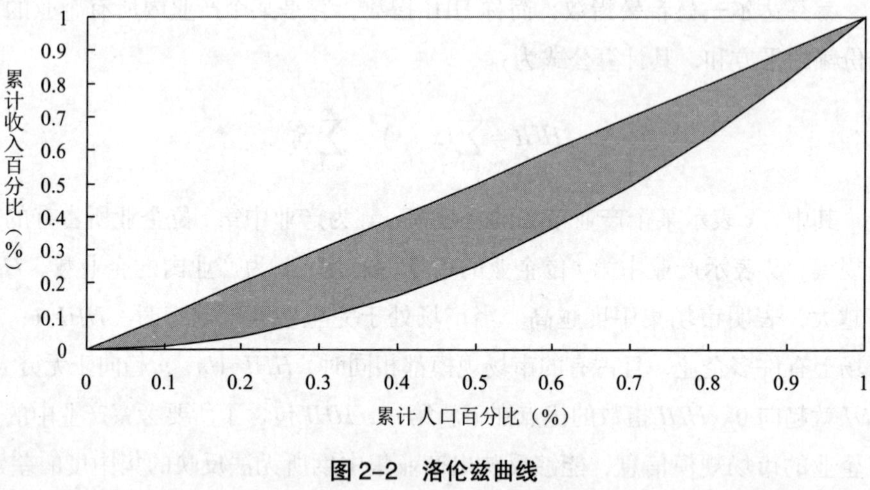

图 2-2 洛伦兹曲线

其计算公式为：

$$G=(T_i-x_i)^2 \tag{2-4}$$

其中，G 表示空间基尼系数，T_i 是 i 地区某产业的就业人数占全国该产业就业人数的比重，x_i 是该地区就业人数占全国总就业人数的比重。G=0 时，表示该产业在全国范围内的分布是均匀的；G 值越大，表明产业的集聚程度越高。空间基尼系数的优点在于简便直观，但这种方法也存在很大的局限性。空间基尼系数是对特定产业的企业市场规模分布情况的一种相对的度量，而不是绝对的度量。比如，由两家各自拥有 50% 市场占有率的企业组成的产业，会与 100 家各自拥有 1% 市场占有率的企业组成的产业具有相同的基尼系数，但显然，这两种情况下产业的集中程度是完全不同的。所以，在使用空间基尼系数计算产业集聚的程度时，有时会产生很大的误差。

2.1.1.2.5　EG 指数（EG Index）

EG 指数是由 Ellision 和 Glaeser 于 1997 年提出的，用以测定产业空间集聚的程度。假定某一经济体（一个国家或地区）的某一产业内有 n 个企业，且将该经济体划分为 m 个区域，这 n 个企业分布于 m 个区域之中，则 EG 指数的计算公式为：

$$EG = \frac{\sum_{i=1}^{m}(y_i - x_i)^2 - (1 - \sum_{i=1}^{m} x_i^2)H}{(1 - \sum_{i=1}^{m} x_i^2)(1 - H)} \tag{2-5}$$

其中，x_i 表示 i 区域某产业就业人数占该产业全部就业人数的比重；y_i 表示 i 区域全部就业人数占经济体就业总人数的比重；H 为赫芬达尔—赫希曼指数。EG 指数在测量产业集聚程度的过程中，充分考虑了企业规模和区域差异的因素。但由于在分析过程中，需要计算赫芬达尔—赫希曼指数，因此需要收集到该产业中所有企业的市场份额信息，导致测量过程十分烦琐，可操作性不强。

2.1.2　全要素生产率理论综述

2.1.2.1　全要素生产率的概念与发展

生产率是经济学中的一个重要概念。它体现了生产过程中，投入要素转化为实际产出的效率。生产率反映了经济增长的质量。对于生产率问题的探析，有利于发掘出一个经济体经济增长的根本动力。因此，生产率问题一直是经济学领域一个重要的研究课题。第二次世界大战之前，对于生产率问题的探讨大都集中在单要素生产率的研究上。所谓单要素生产率（Partial Factor Productivity，PFP）是指单一生产要素投入量与总产出量之间的关系，比较常用的有劳动生产率、新增固定资产效率等。单要素生产率只关注一种生产要素投入与产出的关系，忽视了其他生产要素对产出的贡献，且不能反映各投入要素之间的替代关系。所以，单要素生产率不能对生产效率做出准确的评价。“二战”之后，随着全要素生产率（Total Factor Productivity，TFP）的提出和发展，各发达国家在对生产率问题进行研究时，其关注点从单要素生产率转向了全要素生产率。全要素生产率问题的研究是近 50 年来经济学领域的一个研究热点。

1942 年，诺贝尔经济学奖获得者 Tinbergen 首次将 Cobb-Douglas 生产函数与生产率的测量结合起来。他在 Cobb-Douglas 生产函数中添加了一个反映时间趋势的变量，用这一变量来表示生产效率。1957 年，Solow 发表了一篇名为《技术变化和总产量方程》的文章。在文章中，他指出总产量增长率由三种生产要素增长率决定，即资本、劳动力和技术变化（或称全要素生产率）。Solow 认为全要素生产率是生产率增长率中无法用劳动和资本增长率解释的部分。他把这部分“余值”归结于技术变化的结果。Kendrick（1961）认为全要素生产率是经济增长中要素投入增长以外的部分，即技术进步、资源的高效配置和管理水平提高等带来的经济增长。Jorgenson 和 Griliches（1967）认为全要素生产率来源于计算上的误差。具体来说，在设定生产函数时，由于忽略了重要的生产要素，以及在测量投入要素时产生的误差，使得全要素生产率不为零。如果生产函数中包括了所有的生产要素且各要素的投入量计算准确，全要素生产率就会为零。Jorgenson 和 Griliches（1967）提醒学者们在建立生产函数时，应尽量引入所有的生产要素，并且要努力避免设立模型时的偏误。他们的研究鼓励学者们关注“索洛剩余”产生的根源，探析引起全要素生产率变动的真正原因。

综合学者们对于全要素生产率概念的解释，本书认为全要素生产率（Total Factor Productivity，TFP）是指总产出中不能由要素投入所解释的“剩余”，即在各种有形要素投入水平既定的条件下，所达到的额外的生产效率。全要素生产率的来源包括技术进步、组织创新、专业化和生产创新等。从微观层面上讲，企业采用了新技术、新工艺，开拓了新市场，开发了新产品，改善了管理，体制改革激发了人的积极性，都可以提高全要素生产率。从宏观层面上讲，通过资源重新配置，比如劳动力从生产率较低的农业部门转向生产率较高的非农部门，就可以提高全要素生产率。

2.1.2.2　全要素生产率的计算方法

对于全要素生产率计量方法的研究可以追溯到 20 世纪 50 年代。以 Abramovitz（1956）和 Solow（1957）为代表的学者们将全要素生产率归结于“索洛剩余”，这种简单而直观的方法影响深远，直到现在，仍是计算全要素生产率的主要方法之一。不断涌现的计算全要素生产率的新方法旨在改进索洛剩余的估算。总的来说，可以把计算全要素生产率的众多方法分为前沿（Frontier）分析和非前沿（Non-Frontier）分析。二者的区别在于所考察的生产单元是否充分使用了现有技术。前沿分析允许技术无效率的存在，而非前沿分析则假设所有生产单元都实现了技术有效性，即充分利用了现有的技术。目前，在对全要素生产率的研究中，前沿方法使用较多。原因是前沿方法将生产率增长分解为技术的变化和技术效率的变化。技术的变化（技术进步）推动生产前沿外移，而技术效率的变化则反映了所考察的生产单位在给定投入和现有技术的条件下提高产量的能力。前沿方法能为决策者制定提高生产率的政策提供有用的信息。比如，在对一个经济体的生产率进行考察时，发现其生产率下降的原因在于技术退步，那么决策者就应该采取措施鼓励技术创新。Massimo 等（2008）依据计算全要素生产率过程中所使用的数理方法的不同，将计算全要素生产率的方法分为确定性方法（Deterministic Methodologies）和计量方法（Econometric Methodologies）。在确定性方法下，全要素生产率是通过直接计算（calculated）投入和产出得到的；而在计量方法下，全要素生产率是通过计量模型估计（estimated）出来的。根据以上两种分类原则，本书根据各计算方法的特征，对计算全要素生产率的众多方法进行了分类，如表 2-1 所示。

表 2-1 计算全要素生产率的方法

	确定性方法	计量方法
前沿方法	数据包络分析方法（DEA） 自由处置壳法（FDH）	随机前沿法（SFA）
非前沿方法	增长核算法 指数法	增长率回归法

2.1.2.2.1 非前沿方法

（1）增长核算法。

增长核算法起源于 20 世纪 50 年代，是最先出现的计算全要素生产率的方法。增长核算法使用广泛，不仅应用于一国宏观经济及产业部门全要素生产率的计量，在国际上，对不同国家经济运行效率进行测量和比较时，使用的也是增长核算法。比如，2001 年，联合国经济合作与发展组织（Organization for Economic Co-operation and Development，OECD）发布的关于生产率计算方法的指导手册中介绍的就是增长核算法。1957 年，索洛发表了一篇名为《技术变化和总产量方程》的文章。在文章中，索洛在希克斯中性、完全竞争和规模报酬不变的假设条件下，建立了一个生产函数：

$$Y(t)=A(t)\cdot F[K(t),L(t)] \tag{2-6}$$

其中，$Y(t)$ 表示总产出（或总收入）；$K(t)$ 表示在生产中使用的实物资本；$L(t)$ 表示劳动投入；$A(t)$ 表示技术水平。

方程（2-6）可以转化成以下形式：

$$\frac{\dot{Y}(t)}{Y(t)}=\frac{\dot{A}(t)}{A(t)}+a(t)\cdot\frac{\dot{K}(t)}{K(t)}+b(t)\cdot\frac{\dot{L}(t)}{L(t)},\quad a(t)+b(t)=1 \tag{2-7}$$

其中，$a(t)$ 和 $b(t)$ 是资本和劳动投入在总成本中的份额。

$Y(t)$、$K(t)$ 和 $L(t)$ 数据容易获得。因此，可以用以下公式计算 $\dot{A}(t)/A(t)$：

$$\frac{\dot{A}(t)}{A(t)}=\frac{\dot{Y}(t)}{Y(t)}-a(t)\cdot\frac{\dot{K}(t)}{K(t)}-b(t)\cdot\frac{\dot{L}(t)}{L(t)} \tag{2-8}$$

方程（2–8）也被称为“寻找索洛剩余”，在计算过程中，具体形式可以转化为：

$$\frac{\Delta A(t)}{A(t-1)}=\frac{\Delta Y(t)}{Y(t-1)}-a(t)\cdot\frac{\Delta K(t)}{K(t-1)}-b(t)\cdot\frac{\Delta L(t)}{L(t-1)} \tag{2-9}$$

方程（2–9）表示，在给定产出增长率、资本投入增长率和劳动投入增长率的条件下，可以对全要素生产率进行测算。这种推算全要素生产率增长率的方法就叫作增长核算法（growth accounting）。

1967 年，Jorgenson 和 Griliches 在研究中使用要素价格的增长率来表示索洛剩余。

$$SR=s_K\left(\frac{\dot{r}}{r}\right)+s_L\left(\frac{\dot{w}}{w}\right) \tag{2-10}$$

其中，SR 代表索洛剩余；s_K 表示资本—产出弹性；$\left(\frac{\dot{r}}{r}\right)$表示资本价格的变动；$s_L$ 表示劳动—产出弹性；$\left(\frac{\dot{w}}{w}\right)$表示劳动价格的变动率。

增长核算法是一种计算全要素生产率的简便而直观的方法。但该方法有许多缺陷，首先，如 Jorgenson 和 Griliches（1967）所述，使用增长核算法计算全要素生产率时，资本和劳动力在加总过程中的误差会对计算的准确性产生影响。比如，一般使用永续盘存法对固定资产的价值进行计算，该方法不能对固定资产的实际价值进行准确的测量。即使永续盘存法能够准确地反映固定资产的实际价值，该方法假设投入要素是同质的，不能反映投入要素在质量上的差别。使用这种方法对全要素生产率进行计算，会忽略投入要素质量上的差别，导致全要素生产率的低估。其次，该方法的假设前提过于苛刻，比如要求规模报酬不变、完全竞争和希克斯中性技术进步。再次，这种方法不能对影响全要素生产率的因素进行反映。最后，用索洛剩余测度的全要素生产率被完全视为技术进步，将导致技术进步的高估。在实际的情况中，索洛剩余不仅包含技术进步，还包括诸如劳动力质量提高、市场环境改善等因素。索洛剩余所包含的因素过于宽泛，不能准确地反映技术进步的程度。即便如此，增长核算法仍被看作一种对于全要素生产率进行考察过程中的“诊断性方法”（Casell，2005）。

（2）指数法。

由于指数是反映各种经济变量变化的最直观的方法，所以许多经济学家尝试构造能够反映全要素生产率变动的指数。全要素生产率指数可以理解为一个生产单元（企业、产业、国家或地区），在某一时间段内生产的总产出和总投入之比，反映了生产单元的经济运行状况。常用的测量生产率的指数有Laspeyr 指数、Paasche 指数、Fisher 指数和 Tornqvist 指数。本书简要地介绍最常用的 Tornqvist 指数。假设 x 表示投入，y 表示产出，s 为生产单元的基期，t 为报告期，则全要素生产率指数可以表示为：

$$TFP_{st} = (y_t / y_s) / (x_t / x_s) \tag{2-11}$$

由式 2-11 可知，对于全要素生产率的度量可以转化为对总投入和总产出投入增长率的度量。而在现实生活中，需要投入多种生产要素来生产多种产品，而且各种投入和产出变化的速度和方向存在较大差异，因而需要对总投入指数和总产出指数进行计算，且需要使用综合指数来衡量这种复杂的变化。Tornqvist 数量指是个体数量指数的加权几何平均数，而权重则是基期和报告期价值的算数平均数，即

$$Q_{st}^T = \prod_{i=1} (q_{it} / q_{is})^{(\omega_{is}\omega_{it}/2)} \tag{2-12}$$

其中，$\omega_{is} = p_{is}q_{is} / \sum_{i=1}^{z} p_{is}q_{is}$是第 i 物品在基期 s 的价值份额；$\omega_{it} = p_{it}q_{it} / \sum_{i=1}^{z} p_{it}q_{it}$是第 i 物品在报告期 t 的价值份额。对数形式的 Tornqvist 指数为：

$$\ln Q_{st}^T = \sum_{i=1}^{z} (\omega_{is}\omega_{it} / 2) \times (\ln q_{it} - \ln q_{is}) \tag{2-13}$$

可见，对于任意两个时期的生产单元，只要知道投入产出物品的数量及相应的价格（或价值份额），利用指数方法就能计算出二者之间生产率的变

化。但是，指数法有两个明显的缺陷：第一，指数法属于确定性方法，没有考虑随机因素对全要素生产率的影响；第二，在实际的核算中，一些生产资料和产成品价格的历史数据缺失，这将影响到全要素生产率的计算结果。

（3）增长率回归法。

随着计量经济学的发展，以及内生性经济增长理论的建立，产生了一种测量全要素生产率的新方法——增长率回归法（growth regressions）。这种方法讨论了全要素生产率是否收敛以及在什么情况下收敛。Bernard 和 Jones（1996）指出导致全要素生产率收敛的原因有两个：一是技术的收敛；二是资本—劳动比的收敛。与增长核算法不同，增长率回归法需要建立方程，通过回归方法对全要素生产率进行估算。1992 年，Mankiw，Romer 和 Weil（MRW）对此进行了开创性的研究。这种方法的优点在于：第一，全要素生产率不是作为残差项被估计出来的，由于摆脱了噪声的影响，因此得出的全要素生产率的值更加准确；第二，这种方法不需要使用物质资产存量的数据，使得到的全要素生产率值摆脱物质资产存量测量误差的影响。

Mankiw，Romer 和 Weil（MRW）分析是索洛模型的拓展。MRW 分析中假定生产函数的形式为：

$$Y = K^{a}(AL)^{1-a} \tag{2-14}$$

其中，$0<a<1$，AL 为有效劳动。在该模型中，认定技术进步、资本折旧率、劳动力增长率、储蓄率都是外生变量。同时，认为技术前沿的增长率是固定的，记为 g；资本的折旧率记为 δ，外生的劳动力增长速度记为 n，储蓄率记为 s。用 $\tilde{k}=\dfrac{K}{AL}$ 表示每单位有效劳动的资本；用 $\tilde{y}=\dfrac{Y}{AL}$ 表示每单位有效劳动的产出，那么关于 $\tilde{k}$ 的函数可以表示为：

$$\dot{\tilde{k}} = sf(\tilde{k}) - (n+g+\delta)\tilde{k} \tag{2-15}$$

已知稳态下每单位有效劳动的产量可由如下公式得出：

$$\ln\tilde{y}(t) - \ln\tilde{y}(0) = (1-e^{-\lambda\tau})[\ln\tilde{y}^{*} - \ln\tilde{y}(0)] \tag{2-16}$$

$\tilde{y}(0)$表示基期每单位有效劳动的产量，星号表示稳态下的量。这个方程表示，如果一个经济体基期的每单位有效劳动的产量$\tilde{y}$小于稳态时的$\tilde{y}^*$，那么$\tilde{y}$就会以速度λ趋向于稳态。所以从长期来看，资本积累带来的增长会逐渐消失。在满足一定前提的条件下，不同国家的资本边际产出会趋于一致。综合公式 2-15 和公式 2-16，MRW 给出了稳态下每单位有效劳动产量的表达式：

$$\ln y^* = \ln A(0) + gt + \frac{a}{1-a}\ln s - \frac{a}{1-a}\ln(n+g+\delta) \tag{2-17}$$

$A(0)$表示基期全要素生产率的值，收敛方程可以写为

$$GB_{y_i} = c + by_i(0)_i + \frac{a}{1-a}\ln s_i - \frac{a}{1-a}\ln(n_i+g+\delta) + e_i \tag{2-18}$$

GB_{y_i}是资本边际产量的增长率，$b=(1-e^{-\lambda\tau})$。由上式可知，$\ln A(0)_i = c+\varepsilon_i$，这里$c$是常数，$\varepsilon_i$是一个随机过程。$A(0)$不仅反映了不同国家技术水平的差异，而且反映了不同国家由于要素禀赋、社会制度和气候条件的不同对全要素生产率产生的影响，可以通过最小二乘分析（OLS）估算不同国家全要素生产率的大小。

此后，Islam（1995）对 MRW 模型进行了拓展。他假定不同经济体之间生产率的差异不是一个随机过程，并假设不同经济体的生产率可以通过固定面板效应直接估计出来：

$$y_{it} = \beta y_{it-1} + \sum_{j=1}^{2}\gamma^j x_{it}^j + \eta_t + \mu_i + \upsilon_{it} \tag{2-19}$$

其中，υ_{it}是残差项，其他各项分别表示为：

$$x_{it}^1 = \ln(s_{it}) \tag{2-20}$$

$$x_{it}^2 = \ln(n_{it}+g+\delta) \tag{2-21}$$

$$\gamma^1 = (1-\beta)\frac{a}{1-a} \tag{2-22}$$

$$\gamma^2 = -(1-\beta)\frac{a}{1-a} \tag{2-23}$$

$$\mu_i = (1-\beta)\ln A(0)_i \tag{2-24}$$

$$\eta_t = g(t_2 - \beta t_1) \tag{2-25}$$

在上式中，系数 $\beta = e^{-\lambda\tau}$ 包括了表示收敛速度的参数，$\tau = (t_2 - t_1)$ 表示时间跨度。若 $\lambda^1 = -\lambda^2$，可以得到

$$y_{it} = \beta y_{it-1} + \psi x_{it}^j + \eta_t + \mu_i + \upsilon_{it} \tag{2-26}$$

在上式中 $x_{it} = \ln(s_{it}) - \ln(n_i + g + \delta)$。因此，通过 μ_i 可以计算全要素生产率 $A(0)_i$。此时计算出来的全要素生产率不仅包括了技术进步，还包括了制度、禀赋、气候等不可控因素。可以将全要素生产率的计算公式记为：

$$TFP_i = \hat{A}(0)_i = \exp\left(\frac{\hat{\mu}_i}{1-\hat{\beta}}\right) \tag{2-27}$$

2.1.2.2.2　前沿方法

（1）数据包络分析方法。

数据包络分析方法（Data Envelopment Analysis，DEA）（Farrell，1957；Charnes 等，1979）克服了一些计算全要素生产率的传统方法的苛刻假设。比如，必须建立一个反映技术水平和市场结构的方程，以及完全竞争市场的假设。这种方法的基本思想是将投入和产出数据都包络进来，以估算一个最优产量的生产前沿，并且使用此前沿来确定技术进步和技术效率。在使用此方法估算全要素生产率时，需要首先计算 Malmquist 指数。

1953 年，瑞典经济学家和统计学家 Sten Malmquist 提出 Malmquist 指数，并使用该指数计算了不同时期的消费变化。Caves，Christensen 和 Diewert（1982）将 Malmquist 指数应用于生产效率变化的测算，在当时引起极大的反响。但在随后的很长一段时间里，几乎没有学者将这一理论应用到实证研究中。直到 1989 年，Färe，Grosskopf，Lindgren 和 Roos 提出可以将 Malmquist 指数和非参数线性规划结合起来，从而促进了该指数的广泛使用。

Malmquist 指数假设在 t 时期的生产技术水平为 S_t，t 时期的投入为 X_t，产出为 Y_t；而 t+1 时期的投入为 X_{t+1}，产出为 Y_{t+1}。生产的过程可以用集合表示为：

$$S_t = \{(x_t, y_t): x_t \to y_t\}$$

S_t是生产可能性集合，而生产技术前沿是指每一个给定投入的最大产出子集。此外，t时期的产出距离函数可以定义为：

$$D_t^0(x_t, y_t) = \inf\{\theta: (x_t, y_t/\theta) \in S_t\} = (\sup\{\theta: (x_t, \theta y_t) \in S_t\})^{-1}$$

其中，$D_t^0(x_t, y_t) \leqslant 1$，当且仅当$(x_t, y_t) \in S_t$；同时，$D_t^0(x_t, y_t) = 1$，当且仅当$(x_t, y_t)$为位于生产前沿面上的点，这意味着生产对于现有技术的利用效率是100%，即在给定投入的情况下实现了最大产出。在单一投入和单一产出的情况下，假设规模效率不变，当平均生产率达到最大时，最大可能产出也就能够实现。这个最大化的平均生产率就是样本中的最佳实践，可以使用数据包络分析（DEA）方法来确定这个最佳实践。

Caves，Christensen 和 Diewert（1982）在计算生产率 Malmquist 指数时，使用了两个距离方程：

$$D_t^0(X_t, Y_t) = \frac{Y_t}{A_t F(X_t)} \tag{2-28}$$

$$D_{t+1}^0(X_{t+1}, Y_{t+1}) = \frac{Y_{t+1}}{A_{t+1} F(X_{t+1})} \tag{2-29}$$

同时，使用了两个混合期的距离方程：

$$D_t^0(X_{t+1}, Y_{t+1}) = \frac{Y_{t+1}}{A_t F(X_{t+1})} \tag{2-30}$$

$$D_{t+1}^0(X_t, Y_t) = \frac{Y_t}{A_t F(X_t)} \tag{2-31}$$

基于以上四个产出距离方程，Caves 等（1982）设定在t期的技术水平下，t期到t+1 期的 Malmquist 生产率指数为：

$$M_t^0(X_t,Y_t,X_{t+1},Y_{t+1})=\frac{D_t^0(X_{t+1},Y_{t+1})}{D_t^0(X_t,Y_t)} \tag{2-32}$$

假设 t+1 期的技术水平变为 S_t，在此技术水平下，t 期到 t+1 期的 Malmquist 生产率指数为：

$$M_t^0(X_t,Y_t,X_{t+1},Y_{t+1})=\frac{D_{t+1}^0(X_{t+1},Y_{t+1})}{D_{t+1}^0(X_t,Y_t)} \tag{2-33}$$

为了避免技术水平测量的主观性，依据 Fisher（1922）的方法，将 Malmquist 综合生产指数定义为上述两者的几何平均数：

$$M_t^0(X_t,Y_t,X_{t+1},Y_{t+1})=\left[\frac{D_t^0(X_{t+1},Y_{t+1})}{D_t^0(X_t,Y_t)}\frac{D_{t+1}^0(X_{t+1},Y_{t+1})}{D_{t+1}^0(X_t,Y_t)}\right]^{\frac{1}{2}} \tag{2-34}$$

在 Caves 等（1982）开创性地将 Malmquist 指数应用于生产率的测量之后，Färe 等（1994）对 Malmquist 指数进行了分解。

$$M_t^{0c}(X_t,Y_t,X_{t+1},Y_{t+1})=\frac{D_{t+1}^{0c}(X_{t+1},Y_{t+1})}{D_t^{0c}(X_t,Y_t)}\left[\frac{D_t^{0c}(X_{t+1},Y_{t+1})}{D_{t+1}^{0c}(X_{t+1},Y_{t+1})}\frac{D_t^{0c}(X_t,Y_t)}{D_{t+1}^{0c}(X_t,Y_t)}\right]^{\frac{1}{2}} \tag{2-35}$$

式（2-35）等号右边的第一个分式代表 t 期到 t+1 期技术效率的变化，第二个分式衡量了 t 期到 t+1 期的技术进步。技术效率体现了每个决策单元在规模收益不变的条件下，从 t 期到 t+1 期实际产量到生产可能性边界的“追赶效应”（catching-up effect）；技术进步反映了 t 期到 t+1 期技术前沿面的移动。由此可知，全要素生产率是由技术进步和技术效率共同决定的，用公式表示就是

$$\text{TFP}=\text{TEC}\times\text{TC} \tag{2-36}$$

上述分解是基于规模收益不变的假定下做出来的。Ray 和 Desli（1997）指出，技术效率变化指数还可以通过可变规模收益与不变规模收益假定的差别，对技术效率进行进一步的分解。他们将可变规模收益（V）下的产出距离

函数增加到上式中，技术效率（TEC）被分解为规模效率（SEC）和纯技术效率（PTEC）两个部分。如下式所示：

$$\begin{aligned}\text{TEC} &= \frac{D_{t+1}^{0c}(X_{t+1},Y_{t+1})}{D_t^{0c}(X_t,Y_t)} \\ &= \frac{D_t^{0c}(X_{t+1},Y_{t+1})/D_{t+1}^{0v}(X_{t+1},Y_{t+1})}{D_t^{0c}(X_t,Y_t)/D_t^{0v}(X_t,Y_t)} \times \frac{D_{t+1}^{0v}(X_{t+1},Y_{t+1})}{D_t^{0v}(X_t,Y_t)} \\ &= \frac{S_{t+1}^{0}(X_{t+1},Y_{t+1})}{S_t^{0}(X_{t+1},Y_{t+1})} \times \frac{D_{t+1}^{0v}(X_{t+1},Y_{t+1})}{D_t^{0v}(X_t,Y_t)} \\ &= \text{SEC} \times \text{PTFC}\end{aligned} \tag{2-37}$$

因此，全要素生产率可以表示为

$$\text{TFP} = \text{TC} \times \text{SEC} \times \text{PTEC} \tag{2-38}$$

其中，TC 表示技术进步情况，SEC 表示规模效率变化，PTEC 表示纯技术效率变化情况。规模效率的改善表现为要素投入量沿着生产前沿向最佳投入产出规模方向的移动，纯技术效率则表示为实际产出与可变规模收益生产前沿上产出的比值。

本书将通过图例对 Malmquist 指数及其分解做进一步的解释。如图 2-3 所示，x 表示投入，y 表示产出，从原点出发的两条射线分别表示 t 时期和 t+1 时期的规模报酬不变的生产前沿，并用 S_t 和 S_{t+1} 来表示它们对应的生产可能性集合。因此，在 t 时刻观测到的投入产出点为 (x_t, y_t)，时刻 t 对应的生产前沿的生产率可以表示为 $D_t\ (x_t, y_t) = 0a\ /\ 0b$，即在给定投入的情况下实际产出与生产前沿上的产出之比。同样地，在 t+1 时刻观测到的投入产出点为 (x_{t+1}, y_{t+1})，相对时刻 t 的生产前沿的生产率为 $D_t\ (x_{t+1}, y_{t+1}) = 0d\ /\ 0c$。因此，在 t 时期的技术条件下的 Malmquist 生产率指数就可以表示为

$$M_t^0 = D_t^0(x_{t+1},y_{t+1})/D_t^0(x_t,y_t) = (0d/0c)/(0a/0b) \tag{2-39}$$

以 t+1 时期的生产前沿为参考时，这两个观测点对应的 Malmquist 生产率指数就可以表示为

$$M_{t+1}^{0}=D_{t+1}^{0}(x_{t+1},y_{t+1})/D_{t+1}^{0}(x_t,y_t)=(0d/0f)/(0a/0e) \tag{2-40}$$

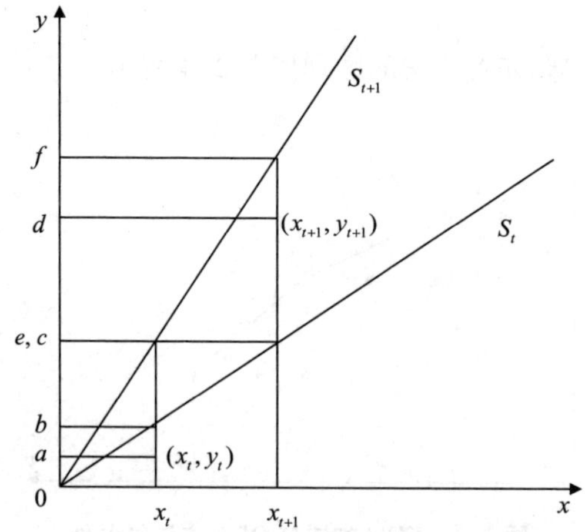

图 2-3 基于产出的 Malmquist 指数及其分解

由于 Malmquist 生产率指数是取上述两个指数的几何平均值，且可分解为技术效率变化和技术进步率，因此

$$\begin{aligned}M&=(M_t^0\cdot M_t^0)^{1/2}=[(0d/0c)/(0a/0b)\cdot(0d/0f)/(0a/0e)]^{1/2}\\&=[(0d/0f)/(0a/0b)][(0f/0e)/(0c/0b)]^{1/2}\end{aligned} \tag{2-41}$$

$$\text{EFFCH}=[(0d/0f)/(0a/0b)] \tag{2-42}$$

$$\text{TECH}=[(0f/0e)/(0c/0b)]^{1/2} \tag{2-43}$$

（2）自由处置壳方法。

1984 年，Deprines，Simar 和 Tulkens 提出了自由处置壳方法（Free Disposal Hull，FDH）来计算全要素生产率。与 DEA 方法相比，FDH 方法更具灵活性，因为该方法放弃了生产凸性假设。具体而言，假设生产者的投入为 x，产出为 y。将生产可能性集设为 D，则在 FDH 方法下，估计的前沿技术对应的生产集为：

$D^{FDH}(x,y)=\bigcup_{i=1}^{n}\{(x,y)\mid y_i\geqslant y, x_i\leqslant x\}$，其中 n 表示数据集所包括的生产者的数量。FDH 与 DEA 方法的区别如图 2-4 所示。

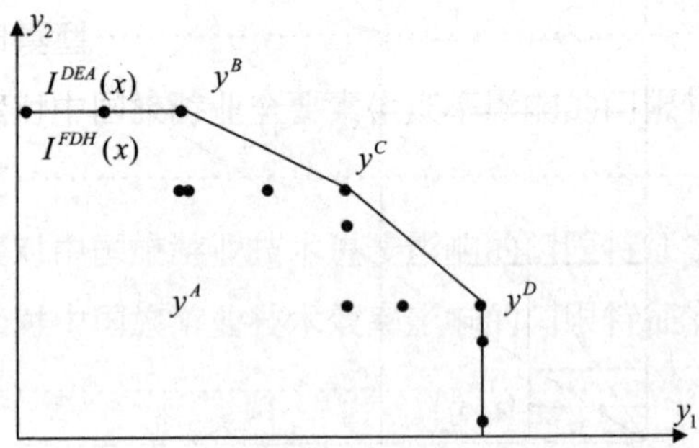

图 2-4　FDH 方法与 DEA 方法的区别

图 2-4 中的散点构成规模报酬不变的条件下 FDH 方法估计的生产集，实线部分为 DEA 方法估计的生产集。由图 2-4 可知，由于 FDH 方法放弃了生产凸性假设，所以 FDH 生产集只包括以样本点和原点为对角顶点的矩形的并集，而不一定包含样本点之间的凸组合。虽然 FDH 方法比 DEA 方法在假设前提的设定上更加放松，但是在实际应用中，FDH 方法却不像 DEA 方法使用得那么普遍。

（3）随机前沿分析法（Stochastic Frontier Analysis，SFA）。

20 世纪 70 年代，Aigner 等（1977），Meeusen 和 Van Den Broeck（1977）以及 Battese 和 Corra（1977）几乎同时提出了一种计算全要素生产率的方法——随机前沿分析（Stochastic Frontier Analysis，SFA）。自产生以来，SFA 方法一直被广泛应用于全要素生产率的测算。SFA 是一种非前沿方法，即允许技术无效的存在，并将全要素生产率的变化分解为技术进步和技术效率的变化。技术进步反映了生产前沿的移动，而技术效率则刻画了实际产量与确定的生产前沿的差距。在估计方法上，与 DEA 方法所使用的确定性方法不同，SFA 方法使用的是计量方法。因此，在使用 SFA 方法计算全要素生产率时，需要首先设定生产函数方程。

假设共有 I 个厂商，每个厂商投入的生产要素的数量为 X_i，产出为 Y_i，前沿生产函数可以表示为：

$$Y_i = f(X_i;\beta)\exp(v_i - u_i) \tag{2-44}$$

其中，β 为待估计的向量参数；$f(X_i;\beta)$ 表示所有生产者共同面对的确定性生产前沿；v_i 为随机误差项。随机生产前沿 $f(X_i;\beta)\exp(v_i)$ 是在确定的技术条件下的最大产量。u_i 表示技术非效率所引起的误差。

根据技术效率的定义，可以把技术效率表示为：

$$TE_i = \frac{Y_i}{f(X_i;\beta)\exp(v_i)} = \exp(-u_i) \leqslant 1 \tag{2-45}$$

在这里，当 $TE_i=1$ 时，厂商 I 能够获得最大产出；而当技术无效率出现，即 $TE_i<1$ 时，上式反映了在白噪声存在的条件下，实际产量占最大可能产量的比例。对上式的左右两边分别取对数，得到以下公式：

$$-u_i = y_i - \alpha - \beta x_i - v_i \tag{2-46}$$

由此可得：

$$y_i = \alpha + \beta x_i + v_i - u_i \tag{2-47}$$

对上式进行计量分析，得到向量参数 β、误差项 v_i 和 u_i 的值。在此，需要对误差项 v_i 和 u_i 的分布进行假设。学者们对于 v_i 的分布达成了共识，即 $v_{it} \sim N(0,\varepsilon^2)$。但对于 u_i 分布状况却有不同的设定。Battese 和 Corra（1977）假定 u_i 服从半正态分布，即 $u_i \sim N^+(0,\sigma_u^2)$；Meeusen 和 Van Den Broeck（1977）认为 u_i 服从指数分布；Stevenson（1980）假定 u_i 服从更灵活的截断型半正态分布；Greene（1980）认为 u_i 服从 Gamma 分布。在众多的假设中，u_i 服从半正态分布，即 $u_i \sim N^+(0,\sigma_u^2)$，在实证分析中最常用。因此，在传统的随机前沿模型中，假定 $v_{it} \sim N(0,\varepsilon^2)$，$u_i \sim N^+(0,\sigma_u^2)$，同时 v_i 和 u_i 不相关。

Nishimizu 和 Page（1982）在规模报酬不变的假定下，最先尝试对随机前沿模型计算出来的全要素生产率进行分解。Kumbhakar（2000）假设规模报酬可变，对随机前沿模型计算出来的全要素生产率进行了分解。假设前沿生产函数为：

$$Y_{it}=f(X_{it},t)\exp(-u_{it}) \tag{2-48}$$

其中，厂商为 i=1，2，…，N；考察期为 t 年，t=1，2，…，T；产量为 Y；$f(X_{it}, t)$ 表示所有生产者共同面对的确定性生产前沿；u_i 表示技术非效率所引起的误差。之所以在生产函数中引入时间变量 t，是为了考察技术进步的变化。对上式左右两边分别求导数，可得：

$$\frac{\mathrm{d}\ln Y}{\mathrm{d}t}=\frac{\mathrm{d}\ln f(X,t)}{\mathrm{d}t}-\frac{\partial u}{\partial t} \tag{2-49}$$

对 $\ln f(X, t)$ 求导，可得：

$$\begin{aligned}\frac{\mathrm{d}\ln f(X,t)}{\mathrm{d}t}&=\frac{\partial\ln f(X,t)}{\partial t}+\sum_j\frac{\partial f(X,t)}{\partial X_j}\bullet\frac{\mathrm{d}X_j}{\mathrm{d}t}\\&=\frac{\partial\ln f(X,t)}{\partial t}+\sum_j e_j\bullet\dot{X}_j\end{aligned} \tag{2-50}$$

将上式得到的结果代入式（2-44），可得通过随机前沿生产函数计算出来的全要素生产率的分解式：

$$\dot{y}=\frac{\partial\ln f(X,t)}{\partial t}+\sum_j e_j\bullet\dot{X}_j-\frac{\partial u}{\partial t} \tag{2-51}$$

方程（2-51）等号右边的三个多项式具有不同的理论含义。第一项为技术进步，即 TC = $\partial\ln f(X, t)/\partial t$。在投入要素相同的情况下，如果 TC>0，则生产可能性边界会上移；如果 TC<0，则生产可能性边界会下移。第二项为技术效率，表示在技术无效率存在的前提下，厂商趋近于生产可能性边界的程度。第三项表示投入要素的变动。如果假设投入要素不变，则可将全要素生产率的变化率 $\dot{y}$，记为 $\dot{y}$ = TC + TEC，即全要素生产率的变化率为技术进步变

化率与技术效率变化率两者之和。

2.1.3　产业集聚对全要素生产率影响的理论综述

从现有研究来看，直接阐述产业集聚与全要素生产率之间关系的理论文献较少。如前所述，全要素生产率增长率是指产出增长率中扣除要素投入增长率之后的余值，反映了经济增长的质量。对于全要素生产率问题的探析，有利于发掘出一个经济体经济增长的根本动力。可以说，对于全要素生产率问题的研究是对经济增长问题研究的拓展和具体化。因此，目前大部分理论研究都聚焦在产业集聚与经济增长之间关系的考察上。总体来说，对于集聚与经济增长之间关系的研究，遵循古典区位理论—静态新经济地理理论—动态新经济地理理论的发展脉络。

2.1.3.1　古典区位理论框架下的集聚和经济增长

最早对产业集聚与经济增长之间关系进行阐述的是 Alfred Marshall。他认为在外部性优势存在的情况下，随着集聚程度的提高，会逐步形成“劳动力资源池”（labor pool）、产生知识溢出（knowledge spillover），并形成大量的专业化附属行业，从而推动区域的经济增长。在 Alfred Marshall 研究的基础上，Perroux 提出了著名的增长极理论，认为在不同的区域，经济增长的动力和强度是存在差异的。经济增长较快的区域形成了经济增长的“增长极”，并通过多种渠道向外扩散，继而推动整个区域的增长。Kaldor 以 Perroux 的增长极理论为基础，指出由于规模报酬递增效应的存在，随着集聚规模的扩大，单位投入所获得的产出逐渐增加。企业为了降低单位产品的成本，会进一步扩大生产规模。这种集聚的自我强化机制，使集聚区域的经济获得了更快的增长。

2.1.3.2　新经济地理框架下的产业集聚与经济增长的静态研究

20 世纪 90 年代以来，以 Krugman 为代表的新经济地理学派将空间因素纳入经济增长理论的分析框架中。新经济地理学的研究基本上都是以 Dixit 和 Stiglitz 的垄断竞争模型作为基本的分析基础，以冰山贸易成本、规模报酬递增为假定，对不同产业或地区的集聚形态进行解释，并在此基础上进一步探讨集聚与经济增长之间的内在逻辑联系。具体来说，Krugman 创立了一个包含地理经济特征的规范分析方法，提出了“核心—边缘”模型，从而将区域经济理论纳入主流经济学的分析框架之中。Krugman 认为受外部经济环境的限制，产业布局将呈现出不同特征的空间集聚形态。在路径依赖特性存在的情况下，产业的空间集聚具有显著的自我强化特征，集聚形态一旦形成，将继续发展和壮大。Martin 和 Ottaviano 在 Krugman 的“核心—边缘”模型的基础上进一步研究，建立了产业集聚的自我强化模型，证明了产业集聚对经济增长具有显著的促进作用。由于集聚自我强化机制的存在，新的企业会不断加入集聚体中，集聚有效地促进了经济增长，而经济增长进一步促进了集聚，从而使集聚规模不断扩大。

2.1.3.3 新经济地理框架下的产业集聚与经济增长的动态研究

与古典区位理论框架相比，新经济地理理论框架的研究加入了空间因素，更好地解释了空间集聚对经济增长的促进作用。但是，静态条件下的新经济地理理论存在许多不足之处，其中最主要的不足是模型的假设过于严苛。正如 Fujita 和 Thisse 所指出的，在静态模型中各种均衡变量的决定依赖于各种参数的初值，而这些参数往往是外生给定的，不能很好地处理产业空间集聚与经济增长之间的相互关系。在这样的情况下，一些学者开始尝试将新经济地理学的理论模型动态化，而内生经济增长理论的发展为新经济地理学理论的动态化提供了良好的分析平台。

最早将内生经济增长理论引入新经济地理理论的学者是 Englmann 和 Walz，他们在 Krugman 建立的“核心—边缘”模型的基础上，引入农业生产部门、制造业生产部门和研发部门，并将劳动力要素按照熟练程度分为熟练劳动力和非熟练劳动力。他们认为，在那些具有熟练劳动力成本优势的地区，研发部门的产出较高，这会吸引制造业的生产部门向这一地区集中，而制造业的集中则会进一步派生出对于研发投入和熟练劳动力的内在需求，从而引起这一地区经济增长速度和技术进步速度的提高。Englmann 和 Walz 的研究虽然开创了在动态框架下研究新经济地理理论的先河，但是二者只强调了企业的供给，而忽略了市场结构和消费者的需求因素。相比之下，M.Philippe 和 Ottaviano 的研究才真正将新经济地理理论动态化。他们的研究汇总着重强调了技术溢出、空间集聚以及经济增长之间的相互关系。他们认为，技术和资本外溢会使新增生产的成本降低，吸引企业向具有技术和资本外溢的地区集聚，使得生产规模扩大，企业产出不断增加，从而实现该地区经济的增长。Baldwin，Martin 和 Ottavinano 的研究考虑了规模报酬递增和贸易成本的相互作用，研究认为，经济增长速度较快、技术水平较高的地区会不断吸引产业，形成集聚体。与此同时，随着产业空间集聚水平的不断提高，集聚区技术及知识外溢效应会发挥作用，产业生产成本下降，企业产出不断增加，从而实现该集聚区经济的增长。这样，产业集聚与经济增长相互作用，使该地区经济不断发展壮大。Fujita 和 Thisse 在假定劳动要素可以自由流动的基础上对产业集聚和经济增长二者之间的关系进行研究，他们认为产业空间集聚与技术扩散成本之间存在关系。如果存在技术扩散成本，产业分布主要受技术扩散成本影响；反之，产业的生产部门和研发部门趋向于向同一地点集中。同时，他们还强调，无论何种形式的产业集聚最终都会促进经济的增长。除此之外，Baldwin，Martin 等还提出了区位与经济增长的关联机制，研究中分析了资本流动与资本不流动情况下产业集聚对经济增长的影响，认为无论在哪种情况下集聚对于经济增长都会有明显的促进作用。

2.1.3.4　产业集聚对生产率影响的理论述评

综合古典区位理论和新经济地理学对于产业集聚与经济增长（生产率提高）关系的阐释，可以发现产业集聚主要通过以下两条途径促进经济的增长和生产率的提高。

第一，形成区域规模经济效应。同一产业内大量企业在地理上的集中，能够形成区域规模经济效应。具体来说，企业可以通过共享劳动力和基础设施、加强产业前后向联系、减少运输成本等多个渠道，来降低生产和销售成本，提高企业的收益，从而促进产业生产效率的提高。

第二，促进知识和技术的外溢。产业集聚有利于知识和技术的溢出，以及信息的传递。这种由知识或技术外溢产生的外部性被称为动态外部性。Glaeser 等（1992）认为动态外部性可以分为三类：Marshall-Arrow-Romer（MAR）外部性、Jacobs 外部性和 Porter 外部性。具体来说，MAR 外部性是指同一产业的集聚有利于产业内企业间的知识溢出，从而促进该产业生产率水平的提高，被称为专门化经济或地方化经济。Jacobs 外部性是指一个地区不同产业的集聚有利于企业间知识溢出从而提高不同产业的生产率水平，也被称为多样性经济或城市化经济。Porter 外部性是指地区竞争有助于知识扩散和创新，从而带动经济增长。

2.2 文献综述

2.2.1 产业集聚的文献综述

联合国工业发展组织将产业集聚定义为：生产或销售一系列相关或互补的产品，面临着相同的机遇与挑战的企业，在特定经济部门和地理区位上集中的现象和机制。Michael E. Porter（2000）认为“集聚是指在某一特定领域内相互联系的、在地理位置上集中的公司和机构的集合。集聚包括一批相互竞争、相互联系的企业和其他实体。”在这里，集聚不仅包括相关产业的竞争主体，例如相关产品的供应商，还往往向下游延伸到营销网络，并且包括相关的支持性机构，如大学、标准评估机构、智囊机构、职业培训机构以及贸易机构，这些机构为集群内的企业提供专业的培训、教育、信息、研究和技术支持。目前针对产业集聚的研究主要集中在制造业，学者们研究的问题包括影响产业集聚形成和发展的原因、判别方法、效应及政府扶持政策等。本部分选取四个方面对关于产业集聚的国内外文献进行综述。

2.2.1.1　产业集聚的成因

不同地区，不同类型的产业集聚，影响其形成和发展的因素是不同的。但一般来说，产业集聚多发生在要素禀赋丰富的地方。运输成本、劳动力成本和自然资源的丰沛程度是影响工业集聚的重要因素。但随着第三次科技革命的发展，知识和技术的作用日益彰显。人才在产业集聚（尤其是高新技术企业集聚）的过程中发挥着越来越重要的作用（唐华，2004）。石培哲（2000）对产业集聚形成的原因进行了分析和总结，他认为资源禀赋是产业集聚形成的最初诱因；人力资源是产业集聚发展的推动力量；交易成本降低是产业集聚形成的市场决定因素；创新网络经济的形成为产业集聚提供了根本的制度保证。梁琦（2004）认为产业集聚的决定因素包括规模经济、要素禀赋、运输成本、外在性、地方需求、产品差别化、市场关联和贸易成本等。王承云（2010）考察了日本产业集聚的影响因素，认为经济发展周期和产业结构是影响日本产业集聚的重要因素。政策驱动和市场驱动是影响日本产业集聚的两大决定性力量。政府通过建设产学合作网络，营造区域创新环境，极大地促进了日本研发产业的集聚和发展；企业（尤其是大型企业）的研发机构是推动日本研发产业集聚的重要力量。袁海（2010）以文化产业为研究对象，将影响产业集聚的因素分为经济地理因素、非经济地理因素和产业政策因素。其中，经济地理因素包括交通的便利性、资源的丰富程度等；新经济地理因素包括本地区的企业数量、人力资本、消费需求和交易成本等。关利欣（2014）利用制造业的数据，考察了企业的所有制形式对中国产业集聚的影响。结果表明：国有企业布局相对分散，导致中国整体产业集聚水平较低；外资企业引领了中国产业集聚和产业转移，在中国产业空间布局中发挥重要作用。

2.2.1.2　产业集聚的识别及判定方法

总体来说，产业集聚的识别及判定方法可以分为两大类——定性分析和定量分析。定性分析方法包括专家意见法、企业调研法等。专家意见法一般通过邀请政府官员、大学教授等专家，面谈后采用 Delphi 法等方法，调研收集所需关键信息，分析某一特定行业在一定区域的集中程度。企业调研法是通过对研究区内的企业进行调研，以此获取它们对（区域）内外贸易情况、合作联盟模式、研发投入等信息，辨识出集聚，并进行后续的产业集聚分析。定量分析法又可以分为单一识别方法和综合识别方法。单一识别方法包括标准差系数法、区位商法、基尼系数法、产业集中度法、集聚指数法、赫芬达尔系数法、Ellison-Glaeser 产业空间集聚指数法、绝对地理集中指数与相对地理集中指数法等。综合识别方法是在以上单一方法的基础上，通过聚类分析寻找这些方法之间的关系，构造综合的产业集聚识别模型。

白重恩等（2004）计算了1985—1997 年 32 个行业的 Hoover 地方化系数，指出中国产业的地区集中度趋于上升。范剑勇（2004）通过对 1980 年和 2001 年中国各地区专业化指数和产业集中率指数的计算，分析了中国制造业产业集聚水平的变化情况。梁琦（2003）使用基尼系数法，对中国制造业产业集聚的状况进行了分析，并通过计算基尼系数与外商直接投资额之间的相关性，分析了外商直接投资对中国制造业产业集聚的影响。吴学花和杨蕙馨（2004）分别使用产业集中度法、基尼系数法、赫芬达尔指数法，对中国 20 个二位数制造业的集聚状况进行了实证研究，并对其中五个门类进行了细化分析。王子龙等（2006）利用产业空间集聚指数和行业集中度指标对 1994—2003 年中国制造业的集聚水平进行了测度，结果表明除医药制造行业的集聚程度呈下降趋势外，中国制造业的总体集聚水平呈增长趋势。陈飞（2011）利用变异系数、基尼系数和赫希曼指数三种统计指标，使用 1999—2008 年辽宁各地级市固定资产投资数据，对辽宁省产业集聚水平进行了测算。袁海红、张华、曾洪勇（2014）选择 DO 指数，对北京企业微观数据进行了不同空间尺度细化行业的产业集聚进行测量，并对产业集聚的动态变化进行了考察。

2.2.1.3 产业集聚的效应

总体来说，学者们对于产业集聚效应的研究在不断地深化，研究领域从产业集聚的经济效应，拓展到社会效应和生态环境效应。陈建军、胡晨光（2008）从宏观经济发展的角度，以长三角经济区 1978—2005 年的数据为研究样本，分别对经济发展、技术进步和索洛剩余递增三种集聚效应进行了理论和实证分析。结果证明产业集聚有利于该地区的经济增长、产业结构升级以及索洛剩余的增加，产业集聚还会促进该地区的技术进步、增强区域产业竞争力，从而提高集聚区居民的生活水平。王海宁、陈媛媛（2010）利用 2001—2007 年 25 个工业行业的数据，采用实证方法证明产业集聚及其所引致的外部性能够有效提高全要素能源效率和单要素能源效率。周圣强、朱卫平（2013）指出产业集聚所产生的规模效应和拥挤效应是“一枚银币的两面”，二者相互作用，共同决定了产业集聚的经济效率，他们使用 1999—2007 年全国 60 个工业城市的数据，对规模效应和拥挤效应进行了测算，并指出在 2003 年及以前，中国产业集聚的规模效应占主导地位；2003 年之后拥挤效应的约束性作用逐渐凸显。姚林如、李莉（2006）利用一般均衡模型，分析了产业集聚对地区间收入差距的影响，指出产业集聚会导致劳动力的跨地区转移，从而导致地区间收入差距的增大。王艳荣、刘业政（2011）以安徽省五大农业产业集聚区为样本，运用误差修正模型，实证分析了农业产业集聚对农民收入的影响。郑季良（2008）通过对产业集聚外部不经济问题的分析，指出在对产业集聚效应的讨论过程中，应考虑产业集聚的生态效应，并对产业集聚生态效应的内涵和外延进行了论述。文中指出在产业集聚的过程中，可以通过产业链对废物和副产品实现转化和再利用，从而提高资源的使用效率，扩充环境容量，提高产业集群所在地的环境承载力。

2.2.1.4　产业集聚的政府扶持政策

政府在集聚形成阶段应成为首要的推动力量，但集聚的领导力量应该在集聚中的企业里产生。中央或省级政府，当地商会及商业发展组织应该在构建集聚之间的联系方面起到重要的促进作用，以确保集聚长期的存在和发展。在一些国家的中央和地方政府中，成立了专门促进集聚发展的部门。如美国威斯康星州政府设立了商业发展部，目标是支持集聚发展，该部门会在每个集聚中识别和协调主要成员，但主要的发展力量来自私人部门（Nettles，2003）。集聚需要一个来自集聚的真正的代表者。在这个代表者的领导下，每个集聚的成员一同工作，形成具体的需要、目标、挑战和机遇。政府部门会和集群一起工作，并回应他们的需要。比如设立一些基金，鼓励集聚发展，如为研发提供资金支持，并指派协调员。协调员是政府和企业之间沟通的纽带，参与企业间的会议，并在公司、行业组织和公共部门之间建立沟通。协调员应该有集聚主要成员的联系名单。他们需要参与相关的活动，观察集聚成员的日常生产。通过与集聚成员的亲密接触，协调员能意识到集聚面临的机遇和挑战，并能策划出对集聚有益的活动和服务。Michael E. Porter（1998）对同业公会与共同体在产业集聚中的角色做出了充分肯定。行业协会和商会的主要功能包括：收集市场信息，加强成员企业与外界的沟通，扩大地区知名度，吸引企业入驻；代表和维护企业利益，加强企业与政府的沟通与交流，以获得有利于发展的优惠政策；制定行业标准和规范，加强自律；维护竞争，在促进本地企业发展的同时增强该地区的吸引力。刘志阳、姚红艳（2011）以新能源、新材料等战略性新兴产业集聚为例，分析了培育产业集聚发展的政策取向，认为战略性新兴产业集聚的培育政策应该超越政府干预甚至取代市场机制的误区，超越对特定产业定向性扶持的误区。陈凤花（2013）以驻马店市驿城区为例，指出地方政府在促进产业集聚方面应该发挥提供优良的公共产品，培育社会化服务体系等作用。

2.2.2 旅游产业集聚的文献综述

旅游产业（tourism industry），又称旅游业，是指凭借旅游资源和设施，专门或者主要从事招徕和接待游客，为其提供服务的综合性产业。旅游业包括交通、游览、住宿、餐饮、购物、文娱六个环节。狭义的旅游业，主要指旅行社、旅游饭店、旅游车船公司以及专门从事旅游商品买卖的旅游商业等行业。广义的旅游业，除专门从事旅游业务的部门以外，还包括与旅游相关的各行各业。本书所指的旅游业，是狭义的旅游业。

与其他产业相比，旅游业缺乏单一的生产过程，统一的产品，所以从传统意义上来说并不算一个产业（Tucker 和 Sundberg，1988）。但是，从需求的角度来看，对于消费者来说，旅游经历是单一的与个人体验相融合的产品和服务，它包含了游客从离开出发地到抵达目的地，再返回出发地的过程中所获得的所有部门和企业提供的产品和服务。所以，从需求的角度来说，旅游业所提供的商品和服务具有同质性，旅游业是一个产业。

旅游业能够满足人们日益增长的物质和文化的需要，把人们的物质生活消费和文化生活消费有机地结合起来。通过旅游，人们能够在体力上和精神上得到休息，改善健康情况，增长知识，推动社会生产的发展。旅游业的发展以整个国民经济发展水平为基础并受其制约，同时又直接和间接地促进了国民经济有关部门的发展，如推动商业、饮食服务业、旅馆业、民航、铁路、公路、邮电、日用轻工业、工艺美术业、园林等产业的发展，并促使这些部门不断改进和完善各种设施、增加服务项目，提高服务质量。随着社会的发展，旅游业在国民经济中的重要地位日益凸显。

在过去的几十年中，一些学者试图用产业集聚的理论框架来分析旅游产业的发展，但旅游产业有其特殊性。第一，与制造业相比，旅游企业间彼此联系的紧密程度更高。制造业企业可以选择和集聚内的企业合作，也可以选择与集聚外的企业合作。但对于旅游产业集聚来说，各行业必须相互合作，才能为旅游者提供良好的服务。吃、住、行、游、购、娱，任何一个环节出现问题，都会影响旅游产品的整体质量和品牌信誉。第二，对于旅游产业产品的需求具有多样性和可分性。旅游集聚的产生能为游客提供更多的选择，丰富游客的体验，提升游客旅游花费的效用。第三，旅游产业产品的生产过程和消费者消费过程是在同一地点同时发生的，而且是在旅游产品生产地发生，这使得消费者在决定购买和消费前无法充分检验旅游产品的质量，所以，更需要用集聚的力量对个别企业的寻租行为进行约束。Montfort（2000）基于 Michael E. Porter 的集聚理论将旅游产业集聚定义为："旅游产业集聚是一个由提供住宿、餐饮、旅游咨询部门、娱乐和主体公园等各种不同的服务部门或企业组成的复杂系统。该系统能够丰富旅行者的旅行经历、促进集聚内相关部门和企业多元化发展，通过各种正式的和非正式的形式使集聚内企业之间共享自然资源、通信、交通等基础设施和组织制度、利益共分、提高竞争力。”周丽君、高雪娇（2009）认为旅游产业集聚是指具有密切经济联系的旅游核心吸引物、旅游企业及旅游相关企业和部门在一定地域空间内集中并协同发展的现象。Tebogo Molefe（2000）在《南非旅游集群研究概述》（*South Africa Tourism Cluster Study Summary*）中给出了旅游产业集群的定义："旅游产业集群是指地方旅游活动的地理集中，形成基于国内水平的旅游活动的价值链。”2002 年，在世界生态旅游高峰论坛（the World Ecotourism Summit）上，学者们对旅游产业集群给出如下定义："旅游产业集群是一个特定地理区域内旅游吸引物、基础设施、设备、服务和旅游组织的明显聚集，在充分运作、协调管理的情况下，能够提升该旅游目的地的竞争力。”本研究从影响旅游产业集聚形成和发展的原因、判别方法、效应及政府扶持政策四个方面对关于旅游产业集聚的国内外文献进行综述。

2.2.2.1 旅游产业集聚的成因

提升旅游区域的竞争优势（competitiveness）是旅游集聚形成的根本原因。集聚会以一种创新的方式发展使彼此孤立的中小型企业结合起来，最大限度地整合其自然优势和禀赋，提升旅游区域整体的竞争优势。具体来说，旅游产业集聚形成有一些动因。第一，知识的外部性。空间集聚对知识外溢和创新融合起到了至关重要的作用（Krugman，1991）。在聚集区域中，知识和信息流动起来更容易，技术外溢在旅游集聚中更常见。当知识融合的速度提高时，会催生旅游的创新，进而促进旅游的发展。很多关于酒店领域的研究中已经提到了这一点（Hallin 和 Marnburg，2008；Signuaw，Enz 和 Namasivayam，2000）。第二，互补企业。在当今的买方市场中，旅游产业需要提供更加丰富的产品以满足不同游客的需要，并且游客需求的变化很快，旅游企业需要及时应对这些挑战。所以，旅游企业就需要与旅游相关的供应商进行合作。换句话说，旅游集聚就是互补旅游企业相互靠近的结果（Novelli 等，2006）。这些互补的企业共同建立了一个特别的区域产品（Michael，2003），并为旅游者提供了更加精彩和充实的旅游体验，提高了旅游者的满意度，并促进了旅游产业的竞争和发展。第三，商业和社会网络。SEEDA（2003）认为，集聚是商业网络的高级形态。除了集聚中的经济机制，旅游集聚中的社会网络也发挥了重要作用，一些研究特别强调了旅游企业中网络和集聚的重要作用（Canina，Enz 和 Harrison，2005；Hall，2005；Michael，2003）。旅游企业网络的优势可以概括为：①减少交易成本，并通过分散风险及扩大对互补资源的可得性，扩大了规模经济和范围经济；②避免了在长期内，为了解决利益相关者之间的矛盾而产生的成本；③提高了政策及相关行动的协调性，促使企业、政府和相关机构更多地关注旅游产业对经济、社会、环境的影响（Lane，1994），有利于旅游企业实现可持续发展。

与制造业相比，旅游资源和产品多数是不可移动的，这就决定了旅游活动只能在旅游目的地进行。所以，资源禀赋和交通区位是影响旅游产业集聚形成和发展的重要因素（周丽君，高雪娇，2009）。邓冰、俞曦和吴必虎（2004）认为影响旅游产业集聚的因素主要有资源禀赋、客源市场、交通区位、产业链和政策作用等。刘佳、张佳佳（2014）分析了我国沿海地区旅游产业集聚的特征和变化趋势，采用中国大陆沿海 11 个省（区、市）2000—2011 年的面板数据作为样本，对影响旅游产业集聚的主要因素及其作用机制进行了探讨。研究表明：政策因素、市场因素、旅游基础设施因素、规模经济因素、交通区位因素、旅游企业规模因素对旅游产业集聚起到正向的影响作用。查方勇（2009）认为良好的生产要素、足够的企业能力、充足的市场需求、广泛的社会参与和积极的政策支持是影响旅游产业集聚形成和发展的重要原因。Julie Jackson（2006）通过问卷调查总结了影响中国中西部地区旅游产业集群形成的因素，认为旅游企业的所有制形式会影响产业集聚的发展，所调查的旅游产业集群中国有的或国际连锁的企业占绝大多数，集体所有制或私有制企业寥寥无几，这将阻碍集群内企业之间水平联系的形成。Marina Novelli（2006）强调了中小企业在旅游产业集聚发展过程中的重要性，认为中小企业在提供旅游商品和服务方面发挥着无可替代的作用，中小企业通过建立网络和分享经验促进本地旅游产业集聚的发展。

2.2.2.2 旅游产业集聚的识别及判定方法

目前，国内外关于旅游产业集聚测度的方法主要有区位商、行业集中度、基尼系数、赫芬代尔系数、H 指数、E- G 指数、主成分分析法、CR0 指标等。冯卫红（2008）使用区位商法、旅游业产值专业化指数法、产业调查法、创新能力评价法对平遥古城旅游集聚的发展状况进行了判定，认为平遥古城已具备了旅游产业集聚的特征，初步形成了旅游产业集聚。杨勇（2012）在实证研究中证明，中国旅游业已经形成了一定的产业集聚现象。曹宁（2013）使用区位商法，选取旅游景点、星级酒店、旅行社、旅游人次和收入作为考查对象，对沈阳市旅游产业集中化程度进行了测算。结果发现：沈阳市的旅游景区景点和星级酒店呈“高集聚”形态；旅行社和入境旅游者的空间集聚表现为“低聚集”形态。朱翠兰、黄安民（2014）使用区位商法对泉州市旅游集聚发展的状况进行了判定，认为泉州市旅游专业化水平不高，尚未形成旅游产业集聚。暴向平、李庆雷、郭瑞斌（2014）利用赫希曼–赫佛因德指数（HHI）对西安市旅游产业集聚的集中度进行了测量。得到的结果是西安市旅游产业的 HHI 系数超过了 1800，说明目前西安市已经形成高水平的旅游产业集聚。

2.2.2.3 旅游产业集聚的效应

Gollub，Hosier 和 Woo（2002）认为集聚经济的发展有利于减少旅游目的地的漏损，提高旅游目的地的经营收益。Geoge Lafferty 和 Anthony Van Fossen（2005）通过实证分析，证明集聚在防止旅游目的地衰退的过程中发挥了重要作用。Yong Yang（2012）使用动态面板数据模型，利用 2000—2009 年中国省级面板数据，对产业集聚对中国旅游企业的影响进行了实证分析。结果证明，产业集聚对当地旅游业的发展具有正向的影响作用。刘佳、赵金金（2013）运用全局空间自相关 Moran’s I 指数、空间关联局域指标 LISA 分析，考察了中国大陆 31 个省级区域旅游产业集聚与旅游经济增长的空间相关性。结果表明：旅游产业集聚对区域旅游经济增长有显著的正向影响，并表现为较强的空间溢出效应。王凯、易静（2013）基于 2010 年 31 个省区的截面数据，考察了产业集聚和旅游产业绩效之间的关系。结果发现：旅游产业集聚对产业利润率和劳动生产率的提高有显著的正向影响作用。冯卫红（2013）认为旅游产业集聚有利于创新，并且在旅游产业集聚中，通过组织间的互动，实现知识的产生、传递和积累，从而实现内生经济增长和竞争力的提升。郭为、何媛媛（2008）利用 1992—2005 年的省际面板数据，分析了旅游产业集聚的就业效应。结果表明：从 2002 年起，中国旅游业集聚呈现收敛态势，并且旅游产业集聚对就业增长有明显的正向影响。

2.2.2.4　旅游产业集聚的政府扶持政策

与其他产业集聚一样，政府是推动旅游产业集聚的主要力量。由于旅游产业的发展根治于外部环境，旅游行业协会，政府部门和非营利性组织应给予本地旅游产业强大的支持和协助（Piga，2003；Taylor，1998）。集群内需要建立专门的配套服务机构，如旅游信息中心、旅游服务中心等，为旅行者提供咨询、订票等服务。除此以外，当旅游经济活动越来越活跃时，与旅游有关的企业和机构的密度越来越大，一些新的组织和这些组织之间的网络会出现，包括一系列公共、私人和非营利性组织，这些组织将在旅游业的可持续发展过程中发挥重要作用（Schout 和 Jordan，2005）。在产业集聚的发展过程中，企业应依靠自身发展，而不是依靠政府的指导。一种自给自足的“自下而上”的方式将更有利于建立中小企业及私营企业之间的水平联系，并且推进与国际企业及国有企业之间的联系，从而促进当地旅游产业的发展。国际上有很多国家和地区，制定了旅游产业集聚的扶持政策。如美国威斯康星州商业发展局（The Wisconsin Department of Commerce）将旅游业列为重点扶持的十大产业集聚之一。因为该州政府认为旅行者的旅行体验不仅在于主要景点的吸引力，还在于诸如宾馆、餐厅、商场、交通设施等配套设施的质量和效率。由于集群成员间是相互依存的，旅行中任何一个环节的服务提供者有好的表现，都会给旅行目的地整体加分。所以，对旅游产业集聚的发展加以引导和扶持是必要的。

2.2.3 全要素生产率的文献综述

20 世纪 50 年代以来，全要素生产率理论日臻成熟，测量方法越来越多样化。许多学者通过实证研究分析世界各地经济增长过程中全要素生产率的变化。使用的方法主要有生产函数法、增长核算法、数据包络分析（DEA）、随机前沿分析（SFA）。Solow（1957）创立了生产函数法，对 20 世纪上半叶美国非农业私营部门的全要素生产率增长情况进行了测算，结果发现产出增长率的 80% 可由全要素生产率的增长进行解释，由此断定全要素生产率的增长是美国经济增长的主要源泉。Denison（1962）沿用了索洛剩余法，利用美国 1905—1957 年的历史数据，分析了全要素生产率对于经济增长的影响，结果发现 1905—1957 年，美国全要素生产率年均增长 1.325%，其对经济增长的贡献率为 47%。Yu Sheng 等（2013）使用增长核算法计算 1949—2012 年澳大利亚农业的全要素生产率。结果发现，澳大利亚农业的全要素生产率在 1949—2012 年的增长率为 2.1%。Färe 等（1994）开创了使用 DEA-Malmquist 指数法对全要素生产率进行估算和拆分的先河，他们采用 1979—1988 年的经济总量数据对 17 个 OECD 国家的全要素生产率进行了测算和分解。Lovell（2003）等使用 Malmquist 法，对 1979—1994 年 30 个国家的全要素生产率进行了分析和测量。Krüger（2003）使用 Malmquist 法，以 87 个国家的经济总量数据为样本，测量了这些国家的全要素生产率及其变化趋势。2007 年，联邦规划部使用不同的方法计算了 1970—2004 年比利时的全要素生产率。

国内对于全要素生产率的研究始于 20 世纪 90 年代，尤其在克鲁格曼（1994）提出“东亚无奇迹”的观点之后，全要素生产率问题逐渐引起了国内学者的广泛关注。Wang 和 Meng（2001）利用时间序列数据，使用总量时序生产函数对全要素生产率进行测量。王绍光和胡鞍钢（1999）使用增长核算法对中国的全要素生产率进行了测量。胡鞍钢在《地区与发展：西部开发新战略》一书中，使用增长核算法对西部地区全要素生产率进行了测算。Kong

等（1999）以 800 家国有企业 1990—1994 年的数据为样本，使用随机生产前沿模型对其全要素生产率进行了测量。结果显示，改革开放以来，国有企业的全要素生产率几乎无增长。Wu（2000，2003）以省级数据为样本，使用随机生产前沿模型对各省的全要素生产率进行了测量和拆分，结果表明各省平均的技术进步率为负，即出现技术退步的情况。Mao 和 Koo（1997）使用 Malmquist 指数法，对中国各省农业全要素生产率进行了测量和拆分。Zhang 等（2001）使用 Malmquist 指数，分析了上海不同所有制工业企业的全要素生产率。郑京海和刘小玄等（2002，2003）以 800 家国有企业为样本，使用 Malmquist 指数分析了这些企业在 1980—1994 年的全要素生产率。林毅夫和刘培林（2003）使用 Malmquist 指数，采用省级数据，对技术进步和劳均资本之间的关系进行了分析。郑京海和胡鞍钢（2005）使用 1978—1995 年的省级面板数据，采用 DEA-Malmquist 指数法对我国各省的全要素生产率进行了测量。结果表明，全要素生产率在 1978—1995 年经历了一个高增长阶段（平衡增长率为 4.6%），而在 1996—2001 年出现了低增长的阶段（平均增长率为 0.6%）。具体表现在技术进步速度的减慢及技术效率的下降。综上所述，目前我国关于全要素生产率的主要研究领域有两个：一是对改革开放以来全要素生产率的变化趋势的研究；二是对不同省区的不同产业的全要素生产率的测算和比较。

2.2.4 旅游业全要素生产率的文献综述

相对于其他产业来说，国内外对于旅游业全要素生产率的研究起步较晚，开始于 20 世纪 90 年代。为了获得一个更清晰的脉络，本研究按照不同的研究方法对国内外旅游业全要素生产率的文献进行分类综述。

2.2.4.1 采用生产函数法的文献

左冰和保继刚（2008）采用生产函数法对 1992—2005 年中国旅游业全要素生产率进行了研究。结果发现：中国旅游业的增长方式属于典型的劳动力驱动型，劳动力要素投入对中国旅游经济增长的贡献为 63.69%。旅游业年均全要素生产率增长为 2.91%。技术进步速度缓慢的原因主要在于投资效率低下和基础设施投资不足。Anderson，Fish 和 Michello（1999）使用超越对数成本前沿方法考察了 48 家酒店的经营效率。

2.2.4.2 采用增长核算法的文献

Blake，Sinclair 和 Soria（2006）搜集了与旅游业相关的多个行业的数据，使用一般均衡模型（Computable General Equilibrum，CGE）考察了英国旅游业的生产率。结果表明，景区景点业的全要素生产率高于住宿业的全要素生产率。他们还在研究中考察了资本、技术、创新和竞争环境等因素对于旅游产业经营效率的影响。

2.2.4.3 采用数据包络分析方法（DEA）的文献

Barros 和 Alves（2004）使用 DEA 方法对葡萄牙 42 家公有制酒店的全要素生产率变化情况进行了分析。结果表明，1999—2001 年，这 42 家酒店平均的全要素生产率没有增长，且呈下降趋势。将全要素生产率分解为技术效率和技术进步，可知大多数酒店的技术效率有所提高，但是技术进步变化不大。林媛媛和季斌（2008）运用 DEA 方法，使用 2005 年的截面数据，分析了 23 个主要城市旅游企业的技术效率。结果表明，我国主要城市旅游企业的技术效率只有 0.703。岳宏志和朱承亮（2010）使用 DEA 方法，基于 2001—2007 的省际面板数据，对中国旅游产业的技术效率及其区域差异进行了实证研究。测量结果表明，我国旅游业的技术效率总体水平较低，只有 0.571，且东部省份旅游产业的技术效率大于西部和中部。王恩旭（2012）使用 1995—2008 年的省级面板数据，利用超效率 DEA 模型对中国旅游产业的效率进行了测量，结果显示 14 年间旅游产业技术效率的平均值为 0.7442，且呈现出明显的区域差异，中部和东部旅游产业的技术效率大于西部和东北部。赵磊（2013）利用 DEA-Malmquist 指数法测算 2001—2009 年中国各省旅游全要素生产率，并对其进行了分解。得到的结果是：中国旅游业全要素生产率的年均增长为 12.7%，其中，技术进步增长为 6.7%，技术效率增长为 5.6%，技术进步是中国旅游全要素生产率增长的主要原因。周晓歌（2014）使用 DEA 方法，对 2013 年国际旅游收入前 30 位国家的旅游产业技术效率进行了测量，结果表明我国旅游产业的技术效率相对落后，现有要素投入水平下的产出有很大的提升空间。张丽峰（2014）使用 1997—2009 年的数据对我国 31 个省份的旅游业全要素生产率进行了测度和分解。研究发现：我国旅游业全要素生产率年均增长 2.5%，我国旅游业属粗放型增长，且存在区域差异，东部旅游业全要素生产率增长最快，其次是中部和西部地区。

2.2.4.4　采用随机前沿分析方法（SFA）的文献

朱承亮和岳宏志等（2009）应用随机前沿生产函数法（SFA）对我国旅游产业的技术效率进行了考察，结果发现 2000—2006 年，中国旅游业的技术效率总体偏低（仅为 0.632），但呈现出逐年上升的态势。张鹏、于伟、徐东风（2014）使用随机前沿生产模型对 2004—2010 年我国各省旅游产业的技术效率进行了测量，结果发现这 7 年间全国各省旅游企业的平均技术效率为 0.74。

2.2.5　产业集聚对全要素生产率影响的文献综述

从国内外现有的文献来看，研究产业集聚对全要素生产率影响的文献不多，大部分将研究的关注点放在产业集聚对劳动生产率、资产收益率等要素生产率的影响上。造成这一现象的原因主要有以下三点。第一，与要素生产率相比，全要素生产率这一概念出现较晚。20 世纪 50 年代，Tinbergen 和 Solow 等才提出“全要素生产率”的概念。而对于要素生产率的关注，可以追溯到古典经济学的开端。第二，与要素生产率相比，全要素生产率的测算方法较为复杂。如前所述，20 世纪 50 年代由 Solow 提出的增长核算法是测算全要素生产率的“诊断性”方法，存在假设过于苛刻、高估技术进步等弊端。20 世纪 80 年代以来，随着计量经济学及数学规划法等数学方法的发展，测量全要素生产率的方法才有所突破。第三，大多数学者没有意识到考察产业集聚对全要素生产率影响的重要意义。学者们在对产业集聚的效应进行研究时，还将目光放在产业集聚对要素生产率（即投入—产出）关系的影响上，而没有关注产业集聚对于全要素生产率（产业的创新能力）的影响，对于产业集聚效应的研究层次不够深入。基于这种状况，下文首先就数量众多的产业集聚对要素生产率影响的文献进行综述；再对为数不多的产业集聚对全要素生产率影响的文献进行综述。

2.2.5.1 产业集聚与要素生产率关系的文献综述

早期的研究以人口（劳动力数量）作为产业集聚的衡量指标。Sveikauskas（1975）使用 1967 年美国的产业数据，对人口规模与劳动生产率之间的关系进行了实证分析。结果发现：人口规模增加 1 倍，劳动生产率将会提升 5.98%，从而验证了产业集聚对生产率的促进作用。在后来的研究中，Segal（1976）、Moomaw（1985）、Tabuchi（1986）等也分别以规模作为产业集聚的代理变量，对产业集聚和劳动生产率之间的关系进行了研究，得到的结果都在不同程度上支持了集聚对劳动生产率具有显著的正向影响。1996 年，美国经济学家 Ciccone 和 Hall（1996）指出以数量规模作为产业集聚的代理变量是不妥当的，而应该将经济活动的分布密度（即每单位面积土地上承载的经济活动量）作为衡量产业集聚水平的指标。他们使用美国的数据样本，分析了产业集聚（以经济活动的分布密度为指标）与生产效率之间的关系，结果发现：一个地区的就业密度提高 1 倍，劳动生产率将提高 6%。随后，Dekle 和 Eaton（1999）使用日本的数据，Harris 和 Ioannides（2000）使用美国的数据，Ottaviano 和 Pinelli（2006）使用芬兰的数据，分别以经济活动密度作为衡量产业集聚水平的指标，分析了产业集聚对生产效率的影响。研究结果表明：在这些数据样本中，产业集聚对劳动生产率均有显著的促进作用。Brulhart 和 Mathys（2008）以就业密度作为衡量产业集聚水平的指标，并运用系统矩估计的方法考察了欧洲各地区产业集聚与劳动生产率之间的关系，结果发现产业集聚与劳动生产率增长之间呈现出长期正相关关系，并且这种集聚效应随时间的推移逐渐增强。一些学者采用了其他方法对产业集聚水平进行了度量。比如 Braunerhjem 和 Borgman（2006）以 EG 指数作为产业集聚的测量指标，对瑞典 1975—1999 年的数据进行了分析，结果发现产业集聚与劳动生产率存在显著的正相关关系。此外，一部分学者以集聚的经济外部性水平作为测度集聚水平的指标，考察了产业集聚与要素生产率之间的关系。Glaeser 等（1992）使用美国的数据，发现产业集聚的竞争性和多样性能够有效促进劳动生产率的增长，而专业化却阻碍了劳动生产率的提高。Usai 和 Paci（2003）以意大利地方一级的数据作为样本，对产业集聚与劳动生产率之间的关系进行了考察，结果发现多样性能够促进劳动生产效率的提高，而专业化对劳动生产效率的增长具有负向影响。范剑勇（2006）使用 2004 年副省级城市和地级城市数据，以就业密度作为衡量产业集聚水平的指标，实证分析了产业集聚与劳动生产率之间的关系。结果发现，中国大陆的非农就业密度与非农产业的劳动生产率之间存在显著为正的关系。陈良文等（2008）使用 2004 年北京经济普查的数据，对北京市各地区的劳动生产率进行了计算。同时，他们还以单位面积上的产出和单位面积上的就业作为衡量经济集聚密度的指标，考察了北京市各地区的集聚密度对劳动生产率的影响，结果表明：提高经济集聚密度，能够显著地提高劳动生产率。刘修岩（2009）使用 2003—2006 年的中国城市面板数据，以就业密度、城市相对多样化水平和相对专业化水平作为衡量产业集聚水平的指标，考察了城市产业集聚对非农劳动生产率的影响。结果表明：在其他因素不变的情况下，一个城市的就业密度和相对专业化水平对其非农劳动生产率的提高存在显著为正的影响。童馨乐等（2009）利用中国省级面板数据，以区位商、集中系数、服务业占 GDP 比重作为衡量服务业集聚程度的指标，考察了服务业集聚对服务业劳动生产率的影响方向和程度。结果表明：上述三个指标的提高，均对服务业劳动生产率的提高具有显著的正向影响。张海峰、姚先国（2010）使用 2004 年浙江省第一次经济普查数据，考察了产业集聚的专业化和多样性对企业劳动生产率的影响，结果表明，产业集聚的多样性水平对企业劳动生产率的促进作用明显，而提高专业化水平对劳动生产率的促进作用不明显。孙蒲阳、韩帅、许启钦（2013）

使用2000—2008年中国大陆287个地级及以上城市的面板数据，以就业密度作为衡量产业集聚的指标，考察了中国城市产业集聚对劳动生产率的影响。研究发现：从长期来看，工业集聚对劳动生产率具有促进作用，而服务业集聚对劳动生产率的促进作用不明显。

同时，一部分研究表明产业集聚对生产效率的促进作用的实现，是存在一定条件的。一部分文献对产业集聚与生产率增长的非线性关联进行了研究，得出有条件支持产业集聚促进生产率增长的结论。Arup Mitra（1999）以印度的棉纺织业和电器设备业为例，以城市规模作为集聚水平的表征，考察了这两个行业产业集聚与劳动生产率的关系。结果发现：当城市规模（即产业集聚水平）超过某一程度后，产业集聚对劳动生产率会产生负向作用。Gopinath等（2004）以美国制造业行业数据为研究样本，分析了产业集聚与生产率之间的关系，结果发现：集聚与劳动生产率增长之间呈倒U形二次关系，当生产率在一定范围之内时，集聚能够促进劳动生产率的提高，而当生产率超过某一临界值时，集聚则阻碍了劳动生产率的提高。这一研究结论有效地证明了集聚对劳动生产率的影响是非线性的。

2.2.5.2 产业集聚与全要素生产率关系的文献综述

Cingano和Schivardi（2004）以集聚的经济外部性水平作为测度集聚水平的指标，考察了产业集聚对全要素生产率的影响。研究的结论是产业集聚的专业化对全要素生产率增长具有显著的正向影响，但竞争性和多样性对全要素生产率增长的影响并不显著。

赵伟、张萃（2008）以两位数水平的中国制造业行业数据为样本，以空间基尼系数作为衡量集聚程度的指标，实证分析了制造业区域集聚与全要素生产率增长之间的关系，结果发现区域集聚水平的提高能够显著地促进全要素生产率水平的提高。刘艳萍（2010）运用面板数据回归，以区位商作为衡量产业集聚的指标，对长三角地区制造业行业全要素生产率的影响因素进行实证检验。结果发现产业集聚和企业规模对全要素生产率增长的作用显著，并且产业集聚的作用大于企业规模的作用。陈柳（2010）以1993—2004年

20 个制造业行业的数据为样本，考察了产业集聚对制造业全要素生产率的影响程度，结果发现：产业集聚对制造业全要素生产率提高具有积极的促进作用。战炤磊、王凯（2012）利用 Malmquist 生产率指数法测算了 2000—2008 年江苏省农产品加工业 12 个细分行业的全要素生产率，同时，以区位商作为衡量产业集聚水平的指标，使用面板数据模型分析了产业集聚和企业规模对农产品加工业全要素生产率的影响。结果发现，产业集聚对全要素生产率增长有显著正向影响，而企业规模对全要素生产率增长有显著负向影响。李静和李宁周（2013）利用 1998—2007 年中国工业企业微观数据，考察了制造行业集聚指数对全要素生产率的影响程度。文中使用 EG 指数表示制造行业集聚指数，采用 LP 方法计算企业的全要素生产率。结果发现，集聚有助于企业全要素生产率的提高。李华敏、丁珂、兰娟丽（2013）以基尼系数作为衡量产业集聚的指标，并运用非参数 DEA-Malmquist 指数测算了 2005—2011 年中国制造业中 13 个两位数行业的全要素生产率。应用面板数据模型对利益集团视角下的产业集聚对制造业全要素生产率增长率的影响进行了实证分析。结果表明：产业集聚对全要素生产率增长率及技术进步率有显著影响。国有资本主要通过影响技术效率实现全要素生产率的提高，国际资本则主要通过影响技术进步实现行业全要素生产率的提高。范剑勇、冯猛、李方文（2014）使用 1998—2007 年县级层面数据分析了通信设备、计算机与其他电子设备业的产业集聚对此行业全要素生产率的影响。结果发现：产业集聚所带来的专业化经济对全要素生产率的提升具有显著的正向影响。余文涛（2014）使用 2003—2010 年的省际面板数据，对中国创意产业集聚对创意产业的全要素生产率的影响进行了分析。文中以区位商作为衡量创意产业集聚程度的指标，并使用 DEA 方法对省域全要素生产率进行了测量和分解。研究结果表明：中国创意产业的空间集聚，能够有效地促进省域全要素生产率的增长。胡玫、刘春生、陈飞（2015）根据广东省制造业的相关数据，运用空间集聚指数法和 Malmquist 生产率指数法测算出该省产业集聚指标和全要素生产率增长率。通过对计量模型的回归分析，得出广东省制造业产业集聚对行业全要素生产率具有比较明显的促进作用。因此得出结论：各地区和相关企业应该重视产业集聚对生产率的提高作用，利用产业集聚的外部经济来促进区域经济和企业自身的发展。

一些学者在研究中发现，产业集聚对全要素生产率的促进作用是有条件的。二者的关系不总是线性的，而是体现出非线性的特征。集聚发展到一定程度后，会产生"要素拥挤效应"（刘少奎，2013），从而抑制了全要素生产率的增长。柴志贤、黄祖辉（2008）分析了产业集聚对中国工业生产率增长的影响，结果表明：就中国的制造业来说，产业集聚对 50% 以上的制造业行业全要素生产率的增长起到了促进作用。但对于造纸业、纺织业、黑色金属冶炼与压延、通用设备制造业来说，产业集聚反而抑制了这些行业全要素生产率的提高。陈建军、胡晨光（2008）以 1978—2005 年长三角次区域的数据为样本，以资本存量作为衡量区域产业集聚的指标，以索洛剩余作为衡量区域生产效率的指标，对产业集聚对区域全要素生产率的影响进行了实证分析。研究表明，产业集聚能够引起区域的技术进步，从而促进集聚区域的索洛剩余递增，即全要素生产效率的提高。此外，研究还发现产业集聚所引起的索洛剩余增加，既能够产生引致集聚进一步加强的集聚力，又能够产生减弱集聚趋势的扩散力。产业集聚发展到一定阶段，就会引起一些产业的索洛剩余的递减，即全要素生产率的下降，继而推动这些产业向集聚区外转移。

2.2.6 产业集聚对旅游业全要素生产率影响的文献综述

目前，现有文献中，尚没有产业集聚对旅游业全要素生产率影响的专门研究。同时，产业集聚对旅游业要素生产率影响的研究也寥寥无几。杨勇（2011）对产业集聚的专业化水平和多样化水平分别进行了测量，并考察了二者对旅游业资产收益率和劳动生产率的影响程度。结果发现：产业集聚的专业化对资产收益率和劳动生产率的影响都显著为正，证明专业化有利于提升旅游业的生产效率，但产业集聚的多样化对资产收益率和劳动生产率的影响并不显著。王凯和易静（2013）使用 2010 年的截面数据，考察了产业集聚对于旅游业劳动生产率的影响，结果发现：产业集聚水平的提高，能够显著提升旅游业劳动生产率水平。

2.3　本章小结

在本章中，分别对产业集聚、全要素生产率及产业集聚对全要素生产率的影响进行了理论综述和文献综述。

从理论研究的角度来看，直接阐述产业集聚与全要素生产率之间关系的理论文献较少。全要素生产率增长率是指产出增长率中扣除要素投入增长率之后的余值，反映了经济增长的质量。对于全要素生产率问题的探析，有利于发掘出一个经济体经济增长的根本动力。可以说，对于全要素生产率问题的研究是对经济增长问题研究的深化和具体化。因此，目前大部分理论研究都聚焦在产业集聚与经济增长之间关系的考察上。产业集聚主要通过以下两条途径对经济增长产生影响。第一，规模经济。产业集聚可以通过共享劳动力和基础设施、加强产业前后向联系、减少运输成本等多个渠道，来降低生产和销售成本，增加企业的经营收益，提高企业生产率水平。第二，促进知识和技术的外溢。在聚集区域中，知识和信息流动起来更容易，技术外溢较为常见。当知识融合的速度提高时，会催生创新，从而提升产业的生产效率。

从实证研究的角度来看，国内外大部分学者的研究证明了产业集聚对全要素生产率的提高具有显著的正向作用。但也有一部分研究表明，在一定的条件下，这种促进作用才能实现。

本书在对文献进行搜集整理的过程中，发现研究产业集聚对劳动生产率、资产收益率等要素生产率影响的文献较多，而研究产业集聚对全要素生产率影响的文献较少。与要素生产率相比，全要素生产率更能反映出产业创新的状况，体现出产业可持续发展的潜力。原因是全要素生产率衡量了总产出中不能由资本、劳动等有形生产要素投入所解释的“剩余”，能够反映产业技术创新、制度创新、管理创新等方面的状况。研究产业集聚对全要素生产率的影响能够把产业集聚效应的分析从浅层的“投入—产出”分析带入深层次的对于产业创新的影响分析中。

此外，从现有的文献来看，基本上没有产业集聚对旅游业全要素生产率影响的专门研究，甚至对于产业集聚对旅游业要素影响的分析也非常少，对于此问题的研究基本上都是以制造业为考察对象的。与制造业相比，旅游业有其自身的特点。第一，旅游产业具有很强的综合性和整体性。吃、住、行、游、购、娱是一个整体，任何一个环节出现问题，都会影响旅游者的整体体验。因此，迫切需要同一旅游目的地的各个旅游企业密切协作，在合作机制上进行创新。第二，旅游业是“服务性”很强的产业。大部分旅游产品的生产过程和消费过程在时间和空间上是统一的，需要服务供给者与消费者面对面，为保证服务人员的主动性和积极性，在旅游企业的运营中，组织创新和管理创新显得尤为重要。第三，旅游业具有很强的文化性。无论游览名山大川，还是历史遗迹，都是在领略独特的文化。因此，旅游业属于广义的文化产业的范畴，具有文化产业的特性。对于文化产业来说，创新是影响其生存和发展最重要的因素。为了获得可持续发展的动力，文化产业需要不断地与先进技术相融合，进行技术创新；同时，需要不断挖掘文化内涵，保持文化的独特性，进行文化创新。第四，部分旅游吸引物具有不可再生性。一旦开发和管理不当，造成自然景观、历史遗迹的损坏，将难以恢复。因此，迫切需要在旅游业发展的过程中，在技术、管理等方面进行创新，转变粗放型的发展方式，实施科学合理的旅游业开发和经营计划。由于旅游产业具有以上四个方面的特性，可知创新在旅游业发展过程中的作用尤为重要。而全要素生产率能够准确客观地衡量和揭示产业的创新能力。因此，本研究使用全要素生产率对旅游业的创新能力进行衡量，通过考察产业集聚对旅游业全要素生产率的影响，找到产业集聚影响旅游业创新的途径和机制，对于我国旅游业的转型升级、提质增效，实现可持续发展具有一定的意义。

基于以上分析，在接下来的章节中，本研究将以 2001—2019 年的省级面板数据为样本，对我国旅游业产业集聚和全要素生产率的状况进行测量，并实证分析产业集聚对旅游业全要素生产率的影响程度、作用机制、门限特征和空间溢出效应，并在此基础上提出相应的政策建议。

第 3 章 中国旅游业产业集聚和全要素生产率的现状分析

3.1 中国旅游业产业集聚的现状

产业集聚作为一种世界性的经济现象，受到越来越多专家学者的关注。最早对产业集聚现象进行描述和分析的经济学家是 Alfred Marshall（1890），他认为产业集聚能促进专业化供应商队伍的形成，有利于劳动力市场共享和知识外溢，从而使集中在一起的厂商比单个孤立的厂商更有效率。新竞争优势理论的代表人物 Michael E. Porter（1998）认为，集聚会以一种创新的发展方式使彼此孤立的中小型企业结合起来，最大限度地整合其自然优势和禀赋，提升产业整体的生产效率和竞争优势，并指出旅游业涉及的行业众多，且行业之间多呈水平式的关联，吃、住、行、游、购、娱是一个整体。旅游业是集聚效应最明显、最适合集聚化发展的产业之一，建议国家应把旅游企业集群作为重点培植对象。中国旅游业在发展的过程中，出现了产业集聚的现象，表现形式有主题公园、旅游度假区、环城栖息带、著名景区周围的旅游企业集聚等。

3.1.1 产业集聚的测量方法

在考察产业集聚对旅游业全要素生产率的影响程度之前，需要对中国旅游业产业集聚程度进行准确的测量。

在上一章中，对目前较为常见的产业集聚测度方法进行了简要介绍。综合分析各种测量产业集聚程度指标的利弊，并考虑数据的可得性，本书选定区位商作为测量中国旅游产业集聚程度的指标。计算公式为：

$$Agg_{it} = \frac{income_{it} / gdp_{it}}{income_t / gdp_t} \tag{3-1}$$

其中，Agg_{it} 是第 i 省 t 时期的区位商指数，它表示第 i 省 t 时期旅游收入占全省 GDP 的比重与全国旅游收入与全国 GDP 比重的比值，衡量了一个省份旅游产业在全国所占份额，如果该指数大于 1，表示该省旅游产业集聚趋势明显；如果该指数小于或等于 1，则表示该省旅游产业集聚趋势不明显。

3.1.2 样本选择与数据来源

由于国内尚未建立统一的旅游卫星账户，各省旅游收入的统计口径有很大差别。为了得到较为客观的计量结果，一些学者选择企业层面的数据来核算各省旅游业的收入，如左冰和保继刚（2008）采用旅游企业营业收入之和作为衡量旅游业产出的指标。本研究沿袭了这种数据选取的方法，通过企业层面的数据来核算各省旅游业的收入。

本书选取 2001—2019 年的旅游企业数据作为研究样本。原因是在计划经济时代，旅游业属于对外宣传国家形象的“接待事业”。改革开放以后，特别是进入 21 世纪以来，随着我国对外开放程度的加深及居民可支配收入的增长，在“七天长假制度”和“带薪休假制度”的催化下，我国旅游业才有了巨大的发展。旅游业逐渐从“事业”转化为“产业”。在快速发展的过程中，中国旅游业的统计口径也在不断地调整和变化，导致了数据的缺失和不连续。根据《中国旅游统计年鉴（正副本）》，旅游企业包括星级饭店、旅游景区、旅行社、旅游车船公司和其他旅游企业。2000 年之前，《中国旅游统计年鉴（正副本）》中没有关于星级酒店的统计数据。为了对酒店的状况进行统计，设立了“旅游涉外饭店”项目（包含内资饭店和外资饭店），但并未对星级酒店的状况进行统计。同时，在 2000 年以前的《中国旅游统计年鉴（正副本）》中也没有关于旅游景区的统计数据，原因是我国对于景区的认定和统计工作开始得较晚。直到 1999 年，我国才颁布《旅游景区质量等级的划分与评定》（GB/T 17775—1999），开始对旅游景区进行评定、管理和统计。因此，在 2001 年 7 月出版的《2000 年中国旅游统计年鉴（正副本）》中，首次出现旅游景区的统计数据。相对于星级饭店和旅游景区来说，旅行社的数据较为连续和完备。但对于旅游车船公司和其他旅游企业，从 2005 年开始，这两类旅游企业的数据缺失非常严重。综上所述，为了保持数据的连续性及统计口径的一致性，本研究选取 2001—2019 年的旅游景区、星级饭店、旅行社三部分作为研究样本，以各省这三个行业的营业收入之和作为各省旅游业的收入，并利用“旅游类居民消费价格指数”折算成 2001 年不变价格下的旅游收入数据。以上数据来自 2001—2019 年的《中国统计年鉴》和《中国旅游统计年鉴（正副本）》。

3.1.3　中国旅游业产业集聚的测量结果及分析

本书选取区位商作为测量各省旅游产业集聚程度的指标，对 2001—2019 年全国各省的旅游产业集聚水平进行了测算，结果如表 3-1 和表 3-2 所示。

3.1.3.1　旅游业产业集聚的总体情况

由表 3-1 可知，2001—2019 年全国各省旅游产业的平均区位商为 1.051，大于 1。这表明我国旅游业整体上出现了产业集聚的趋势，但是集聚的水平不高。该结论与一些学者的研究结果相吻合。杨勇（2012）通过空间基尼系数、行业区域集聚系数和区域共同集聚系数等指标对我国旅游产业集聚现象进行了测算和分析，结果表明我国旅游产业集聚现象已经成为一种客观存在的现象。王凯、易静（2013）使用基尼系数和 EG 指数作为测量旅游业集聚程度的指标，结果表明旅游业的空间集聚现象存在但程度较低。

表 3-1 2001—2019 年度各年旅游产业集聚水平

年份	各省平均产业集聚水平	年份	各省平均产业集聚水平
2001	1.013	2011	0.996
2002	0.990	2012	1.014
2003	0.970	2013	1.008
2004	0.975	2014	1.009
2005	1.008	2015	0.995
2006	1.011	2016	0.976
2007	1.007	2017	1.080
2008	1.039	2018	1.082
2009	1.080	2019	1.040
2010	0.999	均值	1.015

注：产业集聚变量是基于各年 30 个省、自治区、直辖市旅游产业集聚水平的算术平均值计算得到的。

3.1.3.2 旅游业产业集聚的时间变动趋势

由表 3-1 可知，“十五”期间（2001—2005 年），我国旅游业的产业集聚水平总体呈先下降后上升的趋势，“十一五”期间（2006—2010 年）呈现出先升后降的趋势。2008 年北京奥运会的举行带动了中国旅游业的发展，但年底在美国等发达国家爆发的经济危机极大地影响了中国的入境旅游市场。受经济危机的影响，国内经济增长的速度也趋于缓慢，一些主要依托出口的行业出现了产能过剩的状况。与其他传统产业相比，旅游业在拉动内需、促进就业等方面具有无可替代的优势。正因如此，国务院于 2009 年 11 月 25 日出台了《关于加快发展旅游业的意见》（国发〔2009〕41 号），提出把旅游业培育成国民经济的战略性支柱产业和人民群众更加满意的现代服务业，并出台了一系列刺激旅游业发展的金融及土地政策。在这些政策的刺激下，各地不断涌现出新的旅游项目，旅游基础设施得到进一步完善，旅游产业获得了进一步的发展。因此，在“十二五”期间（2011 年以来），旅游业的产业集聚水平总体呈上升趋势。

3.1.3.3　旅游产业集聚水平的省际差异

由表 3-2 可知，我国旅游产业区位商超过 1 的省份有北京、上海、浙江、广东、海南、重庆、云南，这些省份旅游产业集聚趋势明显。其中，旅游产业集聚程度最高的省级行政区是北京，2001—2019 年旅游产业的区位商达到了 3.592。北京是六朝古都，拥有众多世界级的历史文化遗迹，旅游资源十分丰富，每年吸引了大批游客来此游览。2019 年，旅行社数量达到 3062 家，星级酒店数量达到 439 家，A 级旅游景区数达 238 家。2019 年旅游业收入达 6224.6 亿元，占 GDP 的比重为 16.67%。产业集聚程度排在第二位的是海南省，区位商达到 3.011。作为中国最南端的省份，海南省四面环海，具有发展热带海滨海岛观光度假旅游的独特资源。自 1988 年建省以来，海南省一直将旅游产业作为支柱产业来发展。2009 年被定位为国际旅游岛之后，旅游业发展呈突飞猛进的态势。2019 年，海南省接待旅游过夜人数达 8314 万人次，旅游业总收入达 1050 亿元，旅游业增加值占 GDP 比重达 19.70%，全省旅行社达 483 家，星级酒店 101 家，A 级景区 62 家，旅游业从业人数超过 4.3 万人，旅游产业集聚已颇具规模。产业集聚水平排在第三位的是上海，区位商为 2.464。上海地处长江入海口，面向太平洋。作为世界重要的航运中心和航空枢纽港，上海发展都市旅游的资源十分丰富。2019 年，上海市各类旅行社达 1758 家，星级酒店达 190 家，A 级景区数量达 113 家，旅游业就业人数接近 9 万人。此外，产业集聚水平较高的省份还有云南、广东、浙江、重庆。这些地区拥有丰富独特的旅游资源，且交通位置重要。值得注意的是，一些省份虽然拥有丰富的旅游资源，也位于交通枢纽的位置，但旅游业的产业集聚水平并不高，比如山东、江苏、安徽、湖南，区位商都低于 1，并没有形成明显的旅游产业集聚态势。

表 3-2　2001-2019 年我国各省份平均旅游产业集聚水平

省份	产业集聚水平	省份	产业集聚水平	省份	产业集聚水平
北京	3.592	浙江	1.144	海南	3.011
天津	0.732	安徽	0.666	重庆	1.040
河北	0.448	福建	0.867	四川	0.902
山西	0.766	江西	0.956	贵州	0.913
内蒙古	0.390	山东	0.613	云南	1.245
辽宁	0.893	河南	0.353	陕西	0.780
吉林	0.487	湖北	0.674	甘肃	0.740
黑龙江	0.469	湖南	0.791	青海	0.866
上海	2.464	广东	1.193	宁夏	0.802
江苏	0.794	广西	0.889	新疆	0.985

注：产业集聚变量是基于各省 2001—2019 年度旅游产业集聚水平的算术平均值计算得到的。

3.1.3.4　旅游产业集聚的区域差异

按照《中国统计年鉴》的区域划分方法，本书将 30 个省份（由于数据缺失，不包括西藏自治区）划分为三个区域，分别是东部（包括北京、天津、河北、辽宁、山东、江苏、浙江、上海、福建、广东和海南）、中部（包括山西、吉林、黑龙江、河南、江西、安徽、湖北、湖南）和西部（包括陕西、甘肃、青海、宁夏、新疆、内蒙古、重庆、四川、贵州、云南、西藏、广西）。

从不同区域产业集聚的发展情况来看，2001—2019 年，东部旅游产业区位商为 1.432，旅游产业集聚已颇具规模。作为我国改革开放和经济发展的先行区域，东部地区旅游资源丰富，人均收入水平较高，发展旅游业的基础较好。2019 年，东部地区旅行社总量达到 21629 家，星级酒店数量达到 5579 家，旅游业从业人数接近 120 万。全年旅游收入达 6821 亿元，占全国旅游收入的 56.34%。2001—2019 年，西部各省的旅游产业区位商达 0.868，从数值上看，还未形成产业集聚，但这一数值高于中部各省的旅游产业区位商，说明西部地区旅游产业的集聚程度高于中部地区。西部自然风光丰富多样，人文景观独具特色。自 2000 年国务院提出“西部大开发”战略以来，西部各省的旅游业得到了快速发展。2019 年，西部地区旅行社总量达到 5224 家，星级酒店数量达到 3443 家，旅游业从业人数达 48 万人，全年旅游收入超过 1009 亿元，占全国旅游收入的 15.76%。与东部和西部相比，中部的旅游产业区位商最低，只有 0.645，旅游产业集聚趋势不明显（见图 3-1）。

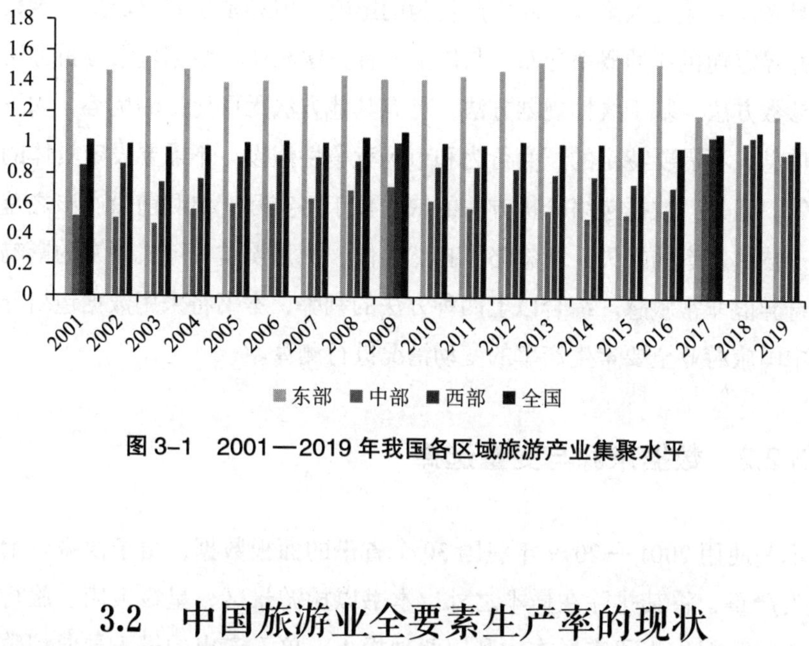

图 3-1　2001—2019 年我国各区域旅游产业集聚水平

3.2　中国旅游业全要素生产率的现状

3.2.1　中国旅游业全要素生产率的测算方法选择

全要素生产率的测量方法主要有四种，即生产函数法、增长核算法、随机前沿分析方法、数据包络分析方法。前三种方法主要存在以下缺陷。第一，使用增长核算法的前提约束较强，如假设厂商利润最大化、市场是完全竞争的，从目前中国旅游业的实际状况来看，这样的假设前提是难以满足的。第二，生产函数法和增长核算法不能对全要素生产率进行进一步的分解，不能考察技术进步（Technological Progress）和技术效率（Technical Efficiency）的变化程度。由于这两个拆分项具有完全不同的政策含义，所以对于这两个拆分项进行深入探析，有助于找到更为行之有效的促进全要素生产率提高的政策工具。第三，生产函数法和增长核算法都需采用时间序列样本，样本数量偏少将引起测量结果的偏误。第四，随机前沿分析方法是一种以回归分析为基础的参数方法，其特点是考虑到随机因素对厂商生产行为的影响，但必须事先设定生产函数的形式，并界定随机项的概率分布。与以上三种方法相比，数据包络分析方法是一种非参数方法，基于线性规划方法，具有其他方法无可比拟的优势，如不需要价格信息，不需要特定的厂商行为和市场竞争性假设，不需要设定具体的生产函数等。但是，数据包络分析方法的缺陷在于将实际产出和前沿产出之差完全归因于技术效率的损失，而忽略了自然气候、测量误差等随机因素的影响，因此对奇异值非常敏感。综合以上四种方法的利弊，本书将采用数据包络分析方法对中国旅游业全要素生产率的变动情况进行测算。

3.2.2 数据来源与变量选择

本书使用 2001—2019 年我国 30 个省份的面板数据，由于西藏自治区数据缺失严重，将其排除在样本之外。本书以旅游景区、星级饭店、旅行社三个行业的数据作为研究样本，利用两种投入、单一产出的投入导向型数据包络分析测算旅游业全要素生产率。其中，产出值采用三个行业的各年度营业收入之和，并按照 2001 年可比价格进行换算。在衡量劳动投入时，采用上述三个行业各省的年末从业人员数量之和，资本数据采用上述三个行业各省年末固定资产原值之和，并利用“固定资产投资价格指数”将其平减至 2001 年不变价格。①

① 以上数据来自《中国统计年鉴》和《中国旅游统计年鉴（正副本）》。

3.2.3　中国旅游业全要素生产率的测算结果与分析

根据前述的 DEA-Malmquist 指数法，将投入数据和产出数据代入软件 DEAP2.1 中，计算我国 30 个省份历年全要素生产率变动值（TFP）、技术进步变动值（TECHCH）、技术效率变动值（EFFCH）、纯技术效率变动值（PECH）和规模效率变动值（SECH）。计算结果如表 3-3 和表 3-4 所示。

3.2.3.1　旅游业全要素生产率的总体情况

从表 3-3 来看，2001—2019 年，我国旅游业全要素生产率的平均增长率为 5.9%。将全要素生产率分解为技术进步和技术效率，可知 2001—2019 年，技术进步实现增长 7.0%，但是技术效率退化了 1.1%。将技术效率进一步分解为纯技术效率和规模效率，可知纯技术效率退化了 0.5%，规模效率退化了 0.6%，两者之和正好与技术效率的变动程度相等。这至少说明了以下三点：第一，2001—2019 年，我国旅游业全要素生产率的增长主要是由技术进步推进的，这与赵磊（2103）等的研究结论相符；第二，我国旅游业的技术效率较低，现有技术并未得到充分利用；第三，我国旅游业的发展并没有形成有效的规模经济。

表 3-3　各省历年平均全要素生产率变动及其分解值（2001—2019 年）

年份	技术效率变动（Techef）	技术进步变动（Techch）	纯技术效率变动（Pech）	规模效率变动（Sech）	全要素生产率变动（TFP）
2000—2001	1.137	0.883	1.046	1.087	1.004
2001—2002	1.024	1.013	1.019	1.005	1.038
2002—2003	0.646	1.485	0.694	0.930	0.959
2003—2004	1.534	0.723	1.450	1.058	1.109
2004—2005	1.046	1.012	1.036	1.010	1.059
2005—2006	0.949	1.085	0.927	1.024	1.030

续表

年份	技术效率变动（Techef）	技术进步变动（Techch）	纯技术效率变动（Pech）	规模效率变动（Sech）	全要素生产率变动（TFP）
2006—2007	0.709	1.459	0.787	0.901	1.034
2007—2008	1.086	0.996	1.129	0.962	1.082
2008—2009	1.208	0.875	1.159	1.042	1.057
2009—2010	0.907	1.261	0.888	1.021	1.143
2010—2011	1.117	1.041	1.114	1.003	1.163
2011—2012	1.014	1.068	0.977	1.038	1.082
2012—2013	0.724	1.279	0.779	0.93	0.926
2013—2014	0.972	1.033	0.980	0.992	1.004
2014—2015	0.803	1.176	0.950	0.845	0.944
2015—2016	1.191	0.852	1.099	1.084	1.015
2016—2017	0.739	1.881	0.844	0.876	1.390
2017—2018	1.110	0.995	1.073	1.034	1.104
2018—2019	1.360	0.775	1.148	1.185	1.054
均值（Mean）	0.990	1.070	0.995	0.994	1.059

3.2.3.2　旅游业全要素生产率变动的时间趋势

分阶段来看，“十五”期间（2001—2005 年），中国旅游业全要素生产率波动较大。特别是在 2003 年，由于“非典”疫情的影响，旅游业全要素生产率出现了负增长。“十一五”期间（2006—2010 年），中国旅游业全要素生产率的增长率总体呈扩大趋势，在 2010 年达到最高，达到 14.3%。“十二五”期间（2011—2015 年），旅游业全要素生产率的增长率呈下降趋势，在 2013 年达到最低，增长率为 -7.4%（见图 3-2）。造成这一现象的原因是中国旅游业在快速发展的过程中，结构性问题逐渐凸显，如过于依赖“门票经济”、休闲度假型旅游项目的缺乏、配套设施不足等问题阻碍了旅游产业经营效率的提升。同时，近年来人民币的持续升值，以及雾霾天数的显著增多，降低了中国旅游目的地对国外游客的吸引力，影响了旅游业的效率。2016 年以来，旅游业的全要素生产率水平整体呈上升趋势，这与“十三五”期间国家出台了一系列旅游业促进政策有关。

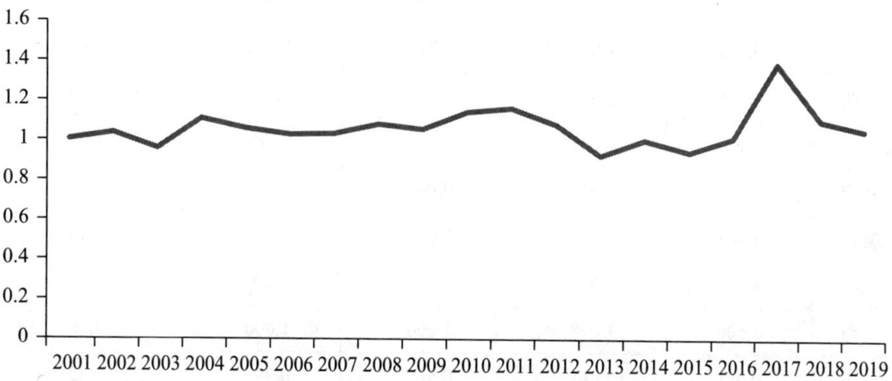

图 3-2　2001—2019 年各年度全要素生产率变动水平

3.2.3.3　旅游业全要素生产率变动的省域差异

由表 3-4 可知，从省际层面来看，2001—2019 年，全要素生产率增长率排在前三位的省份分别是江西（12.9%）、青海（11.2%）、贵州（10.6%）。而全要素生产率增长最慢的三个省份分别是河北（-2.7%）、内蒙古（0.5%）、河南（0.9%）。考察各省技术进步的变动率，排在前三位的省份分别是江西（9.7%）、青海（9.0%）、北京（8.8%）；排在后三位的分别是河北（3.8%）、甘肃（5.4%）、山西（5.4%）。对于技术效率的变动率，2001—2019 年，技术效率处于增长状态的共有十个省份，其中，技术效率增长率排在前三位的分别是贵州（年均增长率 3.2%）、江西（年均增长率 2.9%）、广西（年均增长率 2.4%）。在考察期的 19 年间，上海市和湖北省旅游业的技术效率平均增长率为 0，即在此 19 年间，上海市和湖北省旅游业技术效率既未增加也未减少。除以上 12 个省份外，其余 18 个省份的旅游业技术效率平均增长率均处于下降状态，下降较多的是河南（-6.5%）、河北（-6.2%）、内蒙古（-5.4%）（见图 3-3~ 图 3-5）。

表 3-4 2001—2019 年我国各省份全要素生产率变动情况

省份	技术效率变动（Techef）	技术进步变动（Techch）	纯技术效率变动（Pech）	规模效率变动（Sech）	全要素生产率变动（TFP）
北京	0.986	1.088	0.978	1.008	1.072
天津	0.978	1.056	0.998	0.980	1.033
河北	0.938	1.038	0.946	0.992	0.973
山西	1.015	1.054	1.016	0.998	1.070
内蒙古	0.946	1.062	0.961	0.984	1.005
辽宁	0.991	1.057	0.999	0.992	1.048
吉林	1.005	1.067	1.031	0.975	1.073
黑龙江	1.004	1.073	1.014	0.990	1.077
上海	1.000	1.078	1.000	1.000	1.078
江苏	0.981	1.065	0.985	0.996	1.045
浙江	0.991	1.075	0.998	0.993	1.065
安徽	0.975	1.067	0.972	1.002	1.040
福建	0.989	1.082	0.992	0.997	1.070
江西	1.029	1.097	1.015	1.014	1.129
山东	0.965	1.076	0.966	0.999	1.038
河南	0.935	1.079	0.940	0.995	1.009
湖北	1.000	1.080	1.001	0.999	1.081
湖南	0.982	1.070	0.986	0.996	1.051
广东	0.972	1.070	1.000	0.972	1.040
广西	1.024	1.068	1.027	0.996	1.093
海南	0.983	1.074	0.999	0.984	1.055
重庆	1.017	1.076	1.017	1.000	1.094
四川	1.023	1.055	1.029	0.994	1.079
贵州	1.032	1.071	1.021	1.011	1.106
云南	0.963	1.075	0.965	0.998	1.035
陕西	0.996	1.059	0.993	1.003	1.055

续表

省份	技术效率变动（Techef）	技术进步变动（Techch）	纯技术效率变动（Pech）	规模效率变动（Sech）	全要素生产率变动（TFP）
甘肃	0.991	1.054	0.996	0.995	1.044
青海	1.020	1.090	1.000	1.020	1.112
宁夏	0.950	1.066	1.000	0.950	1.012
新疆	1.022	1.076	1.024	0.998	1.099
均值 Mean	0.989	1.070	0.995	0.994	1.059

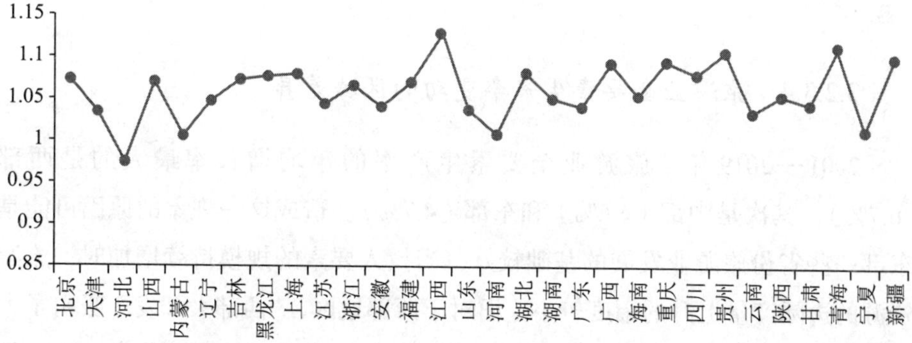

图 3-3　2001—2019 年各省份全要素生产率变动情况

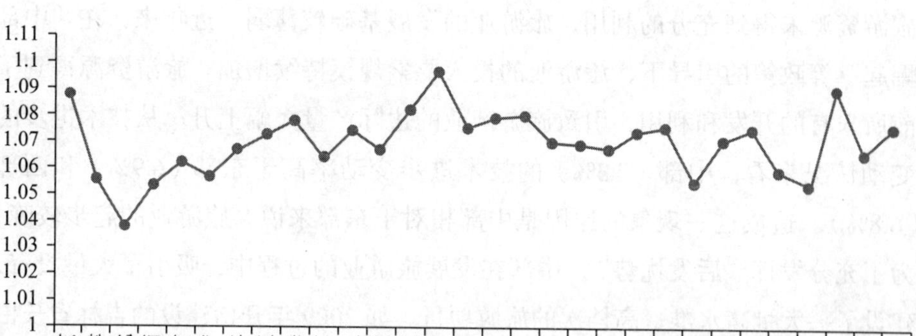

图 3-4　2001—2019 年各省份旅游业技术进步变动情况

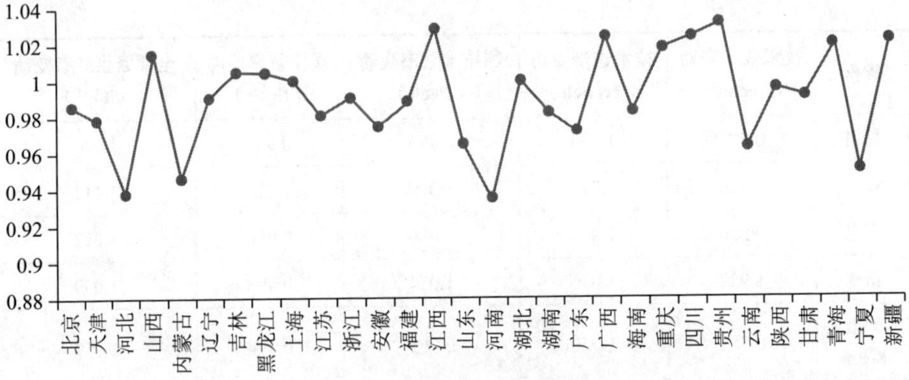

图 3-5 2001-2019 年各省旅游业技术效率变动情况

3.2.3.4 旅游业全要素生产率变动的区域差异

2001—2019 年，旅游业全要素生产率的年均增长率最大的是西部（6.7%），其次是中部（6.6%）和东部（4.7%）。造成这一现象的原因可能是东部一些省份旅游业发展的基础较好，当投入要素的规模持续增加时，旅游资源的边际产量上升的幅度较小。而对于西部地区，“西部大开发”吸引了大量投资及政策倾斜，使得当地旅游业全要素生产率的增长速度较快。而中部地区，在 21 世纪初，由于地区经济发展水平和基础设施建设等方面的限制，旅游资源未得到充分的利用，旅游业的发展基础较薄弱。近年来，在“中部崛起”等政策的引导下，旅游业的投入要素规模持续增加，旅游资源得到了前所未有的开发和利用，引致旅游产业的边际产量大幅上升。从技术进步的变动情况来看，中部（7.3%）的技术进步变动率高于东部（6.9%）和西部（6.8%）。造成这一现象的原因是中部相对于东部来说，旅游业的起步较晚，为了充分发挥“后发优势”，中部在发展旅游业的过程中，吸引了大量投资，建设了一大批高水准、高档次的旅游项目。如 2009 年开始建设的吉林省长白山万达旅游度假村项目，斥资 230 亿元，是当时中国投资数额最大的旅游项目。度假村借鉴欧美滑雪小镇的形式，建设了 43 条初、中、高级雪道及野雪雪道，以及高尔夫球场、大剧院、商业街、娱乐中心、温泉洗浴中心、公寓式酒店及人工湖等设施，充分体现了国际级旅游度假区的高端品质。而从技术效率来看，东、中、西部的旅游产业技术效率都处于退化的状态。其中，东部地区技术效率的退化幅度最大，其次是中部地区，西部地区旅游产业技术效率的退化幅度最小（见表 3-5）。

表 3-5　2001—2019 年分区域全要素生产率变动情况

区域	技术效率变动（Techef）	技术进步变动（Techch）	纯技术效率变动（Pech）	规模效率变动（Sech）	全要素生产率变动（TFP）
东部	0.979	1.069	0.987	0.992	1.047
中部	0.993	1.073	0.997	0.996	1.066
西部	0.999	1.068	1.003	0.995	1.067
全国均值	0.990	1.070	0.996	0.994	1.059

3.3　本章小结

在本章中，使用区位商对中国旅游业产业集聚的水平进行了测算，同时，使用数据包络分析法对中国旅游业的全要素生产率的变动情况进行了测算和分解。得到的主要结论如下：

第一，2001—2019 年，全国各省旅游产业的平均区位商为 1.051，大于 1。这表明我国旅游业整体上出现了产业集聚的趋势，但是集聚的水平不高。全国只有北京、上海、浙江、广东、海南、重庆、云南 7 个省份的旅游产业集聚趋势明显，其他省份的旅游业产业集聚水平较低。同时，中国旅游业产业集聚呈现出明显的区域差异，东部旅游产业区位商为 1.432，旅游产业集聚已颇具规模。西部旅游业产业集聚水平次之，中部旅游业产业集聚水平最低。

第二，2001—2019 年，我国旅游业全要素生产率的平均增长率为 5.9%。将全要素生产率分解为技术进步和技术效率，可知 2001—2019 年，技术进步实现增长 7.0%，但是技术效率退化了 1%。由此可知，2001—2019 年，我国旅游业全要素生产率的增长主要是由技术进步推进的，旅游业技术效率较低，现有技术并未得到充分利用。

第三，本书将技术效率进一步分解为纯技术效率和规模效率，可知纯技术效率退化了 0.4%，规模效率退化了 0.6%，两者之和正好与技术效率的变动程度相等。这说明我国旅游业的发展并没有形成有效的规模经济。

第四，从中国旅游业全要素生产率增长率的省际差异来看，2001—2019 年，全要素生产率增长率排在前三位的省份分别是江西（12.9%）、青海（11.2%）、贵州（10.6%）；技术进步增长率排在前三位的省份分别是江西（9.7%）、青海（9.0%）、北京（8.8%）；对于技术效率增长率来说，只有 10 个省份（贵州、江西、广西、四川、新疆、青海、重庆、山西、吉林、黑龙江）的技术效率增长率为正，上海和湖北省的技术效率增长率为 0，其余省份的技术效率增长率都为负值。

第五，从中国旅游业全要素生产率增长率的区域差异来看，西部的全要素生产率增长率最高，中部次之，东部最低。

第 4 章 产业集聚对中国旅游业全要素生产率影响的水平和机制

4.1 引言

在第 3 章中，本书使用了 2001—2019 年的数据，对我国旅游产业的产业集聚水平和全要素生产率增长进行了测量。在本章中，笔者将分别使用最小二乘法、固定效应模型、工具变量法和广义矩估计对产业集聚对我国旅游业全要素生产率增长的影响程度进行测量，并探析产业集聚对全要素生产率各组成部分（技术进步和技术效率）的影响程度，从而找到产业集聚影响旅游业全要素生产率增长的途径和机制。

4.2 产业集聚对中国旅游业全要素生产率的总体影响

4.2.1 模型的设定

为了检验产业集聚与旅游业全要素生产率增长之间的内在关系，本章建立如下基本模型：

$$\ln TFP_{it} = \beta_0 + \beta_0 \ln agg_{it} + \sum_{j=1}^{n} \beta_j \ln X_{it}^{j} + \mu_i + \nu_{it} \quad (4\text{-}1)$$

其中，μ_i 为地区及时间异质项，ν_{it} 为随机误差项。i，t 分别表示省份和年份；$\ln TFP_{it}$ 表示各省各年全要素生产率增长率的对数值；$\ln agg_{it}$ 表示各省各年旅游产业区位商。j 表示控制变量种类，X 表示控制变量（本研究选取星级酒店数量、旅行社数量、景区数量、旅游业固定资产规模、城市化水平作为控制变量）。

各省旅游业全要素生产率的调整可能是一个动态变化过程，当前旅游业全要素生产率的变动情况可能依赖于过去全要素生产率的变动情况，为了防止模型设定的偏误，在模型中引入全要素生产率增长率的滞后项，记为 $\ln TFP_{it\text{-}1}$，从而得到各省旅游业全要素生产率增长的动态模型，可将上式修改为：

$$\ln TFP_{it} = \beta_0 + \varphi_1 \ln TFP_{it\text{-}1} + \beta_1 \ln agg_{it} + \sum_{j=1}^{n} \beta_j \ln X_{it}^{j} + \mu_i + \nu_{it} \quad (4\text{-}2)$$

4.2.2 计量方法

由于上式中包含被解释变量的滞后项，以及模型中的解释变量可能存在内生性问题，为了得到一致无偏的估计量，本研究分别采用最小二乘法（Ordinary Least Squares，OLS）、工具变量法（Instrumental Variables Method，IV）、固定效应法（Fixed Effect Model，FE）和广义矩估计（Generalized Method of Moments，GMM）对产业集聚对我国旅游业全要素生产率增长的影响程度进行测量，并对这四种计量方法得到的结果进行了比较。本研究之所以采用四种方法，是因为以上四种计量方法各有利弊。最小二乘法是在已知一组样本观测值的情况下，使样本回归函数最大限度地拟合这组值。最小二乘法将全部数据堆积在一起，然后估计出参数，忽略了面板数据的地区及时间异质性。固定效应模型考虑了地区及时间的异质性，但存在向上估计的问题，且无法解决模型的内生性问题。工具变量法是一种克服解释变量与随机干扰项相关影响的参数估计方法，能够在一定程度上解决模型的内生性问题，但存在弱工具变量的问题。广义矩估计是基于模型实际参数满足一定矩条件而形成的一种参数估计方法，是矩估计方法的一般化。只要模型设定正确，则总能找到该模型实际参数满足的若干矩条件而采用广义矩估计进行估计。广义矩估计最大的优点是不需要知道随机误差项的准确分布信息，允许随机误差项存在异方差和序列相关，因而所得到的参数估计量比其他参数估计方法更有效。目前，很多主流经济学刊发表的论文也都采用多种计量方法对同一模型进行回归（祁毓，王学超，2012；廖显春，夏恩龙，2015），这样做不仅体现了对模型进行估计的思维过程，而且多种回归方法相互支持，互相印证，能够有力地证明模型的稳健性和合理性。

4.2.2.1　最小二乘法（Ordinary Least Squares，OLS）

1794 年德国数学家 Carl Friedrich Gauss 在解决行星轨道猜测问题时首先提出最小二乘法。它的基本思路是选择估计量使模型（包括静态或动态的，线性或非线性的模型）输出与实测输出之差的平方和达到最小。这种求误差平方和的方式可以避免正负误差相抵，而且便于数学处理（例如用误差的绝对值就不便于处理）。最小二乘法起源于求解线性矛盾方程组，即线性模型参数的估值问题。设定线性模型为：

$Y = X\beta + \varepsilon$ ，$E(\varepsilon)=0$，$\mathrm{cov}(\varepsilon)=\sigma^2 I$，其中 I 为单位矩阵，Y 是 $n\times 1$ 的变量观测向量，X 为 $n\times p$ 的已知设计矩阵，β 为 $p\times 1$ 的未知参数向量，ε 为随机误差向量。当 X 列满秩时，线性模型的 LS 估计为 $\hat{\beta}=(X'X)^{-1}X'Y$，由于 $E(\hat{\beta})=E[(X'X)^{-1}X'Y]=(X'X)^{-1}X'X\beta=\beta$，所以 $\hat{\beta}$ 是 β 的无偏估计。最小二乘法就是要找 β 的无偏估计 $\hat{\beta}$，使得偏差向量 $\varepsilon = Y - X\beta$ 的长度之平方 $\|Y - X\beta\|^2$ 达到最小，即

$$Q(\beta)=\|Y - X\beta\|^2=(Y - X\beta)'(Y - X\beta) \tag{4-3}$$

对 β 求偏导数，并令其为 0，得到正则方程：

$$X'X\beta = X'Y \tag{4-4}$$

解得$\hat{\beta} = (X'X)^{-1}X'Y$即为最小二乘估计的表达式。

最小二乘法是应用最广泛的参数估计方法，它在理论研究和工程应用中都具有重要的作用，同时它又是许多其他更复杂方法的基础。最小二乘估计具有线性无偏、最小方差的特性，但要求模型满足 Gauss-Markov 假设。但在实际应用的过程中，因为存在测量误差，故使用的数据会不同程度地与经济行为主体所产生的真实数据存在差距，独立变量测量误差将导致误差项和具有测量误差的回归因子的相关性，从而引起估计的不一致性。

4.2.2.2 工具变量法（Instrumental Variables Method，IV）

工具变量法是指当某一变量与模型中的内生解释变量高度相关，但却与随机误差项不相关，那么就可以用此变量与模型中相应回归系数得到一个一致估计量，这个变量就称为工具变量，这种估计方法就是工具变量法。工具变量法可以用来解决遗漏变量引起的偏差、经典的测量误差问题以及联立性（即逆向因果）引起的误差。工具变量法存在两方面的不足：一是由于工具变量不是唯一的，因而工具变量估计量有一定的任意性；二是由于误差项实际上是不可观测的，因而要寻找严格意义上与误差项无关且与内生解释变量高度相关的变量事实上是很困难的。

4.2.2.3 固定效应法（Fixed Effect Model，FE）

固定效应法是一种控制面板数据中随个体变化但不随时间变化的一类计量方法。对面板数据进行回归，一个极端的策略是将其看成截面数据而进行混合回归，即假设样本中每个个体都拥有完全相同的回归方程，这种做法忽略了个体间不可观测或被遗漏的异质性；另一个极端的策略是为每个个体估计一个单独的回归方程，这样做忽略了个体间的共性。在实践中，往往基于以上两种方法，采取折中的估计策略，即假定个体的回归方程具有相同的斜率，但截距不同，以此来反映个体间的异质性。这种模型叫作个体效应模型，

表示为

$$y_{it} = x_{it}^{'}\beta + z_{i}^{'}\delta + u_i + \varepsilon_{it} \tag{4-5}$$

其中，x_i 为不随时间而变的个体特征；而 z_i 可以随个体及时间而变。扰动项由两部分组成，即 u_i 和 ε_{it}，称为复合扰动项。其中，u_i 为不可观测的随机变量，代表个体异质性的截距项。ε_{it} 为随个体与时间而改变的扰动项，并假定 $\{\varepsilon_{it}\}$ 是独立同分布的。如果 u_i 与某个解释变量相关，则此模型为固定效应模型。

4.2.2.4　广义矩估计（Generalized Method of Moments，GMM）

广义矩阵法是关于参数估计的一种原理，由芝加哥大学的 Hansen 教授于 1982 年提出。它是基于模型实际参数满足的一些矩条件而形成的一种参数矩估计方法，是矩估计方法的一般化。如果模型的设定是正确的，则总能找到该模型实际参数满足的若干矩条件，从而应用 GMM 进行参数估计。其最大的优点是仅需要一些矩条件而不是整个密度。而传统的计量经济学方法，都有它们的局限性，其参数估计量必须在模型满足某些假设时才具有良好的性质，诸如只有在模型的随机误差服从正态分布或某一已知分布，极大似然估计量才是可靠的估计等。另外,GMM 允许随机误差项存在异方差和序列相关，所得到的参数估计量比其他的参数估计方法更合乎实际。可以证明，包括最小二乘估计、工具变量法、二阶段最小二乘估计以及非线性联立方程系统等都可以看作 GMM 的特例。GMM 方法对非线性数据处理的研究起着重要的作用。经济数据的处理多采用线性结构，但经济行为在许多方面都表现出非线性关系，而且变量的数目也在增加。

如果方程 $y_i = h(X_i, \beta) + \varepsilon_i, i = 1，2,\cdots,n$ 中的解释变量 X_j（$j = 1，2,\cdots,k$）与随机误差项不相关，并且随机误差项不存在异方差和序列相关，那么存在

$$\sum_{i=1}^{n} x_{ji}\varepsilon_i = 0\text{，}\quad j = 1,2,\cdots,k \tag{4-6}$$

式（4-6）为一组矩条件，由样本矩条件对模型参数β进行估计，称为矩估计。

因为当模型设定正确时，存在一些为0的条件矩。那么不妨假定由这些为0的条件矩可找到一个含$J(J>K)$各变量的$J\times1$向量Z_i，使得Z_i与ε_i无关，即$\text{cov}[Z_i,\varepsilon_i]=0$，这也被称为矩条件，可以把$Z$看作一组工具变量。定义：

$$e(y_i,X_i;\beta)=y_i-h(X_i,\beta)\ i=1,2,\cdots,n \tag{4-7}$$

$$m(\beta)=\frac{1}{n}\sum_i Z_i e(y_i,X_i;\beta)=\frac{1}{n}Z' e(y_i,X_i;\beta) \tag{4-8}$$

称$m(\beta)$为对应于方程$\text{cov}[Z_i,\varepsilon_i]=0$的样本矩。$m(\beta)$为$J\times1$阶的向量，如果取$J=K$，则

$$m(\beta)=\begin{bmatrix} m_1(\beta) \\ m_2(\beta) \\ \vdots \\ m_k(\beta) \end{bmatrix}=\begin{bmatrix} \frac{1}{n}\sum_i z_{1i}e_i \\ \frac{1}{n}\sum_i z_{2i}e_i \\ \vdots \\ \frac{1}{n}\sum_i z_{ki}e_i \end{bmatrix} \tag{4-9}$$

显然，如果Z_j（$j=1$，2，…，k）与ε不相关，则$m(\beta)=0$，求解该方程组可以得到参数β的估计值，这就是通常说的工具变量法。方程组$m(\beta)=0$的解，就是$m(\beta)'m(\beta)$极小化时的β值。

一般来说，GMM估计方法就是极小化的$\widetilde{\beta}$。

$$q=m(\beta)'W^{-1}m(\beta) \tag{4-10}$$

其中权重矩阵W为某正定矩阵。GMM估计量就是使上式极小化从而得到参数估计量$\hat{\beta}$，即$\hat{\beta}=\arg\min(m(\beta)'W^{-1}m(\beta))$。

广义矩估计法的权重依赖于参数估计，而参数估计又依赖于权重的选择。关于权重矩阵W的选择，是GMM估计方法的一个核心问题。Hansen（1982）

提出最佳的权重矩阵为

$$W = asy.\text{var}[m(\beta)] = \frac{1}{n^2}\sum_i\sum_j \text{cov}[Z_i\varepsilon_i, Z_j\varepsilon_j] \qquad (4\text{-}11)$$

$$\begin{aligned} W &= asy.\text{var}[m(\beta)] = \frac{1}{n^2}\sum_i\sum_j \text{cov}[Z_i\varepsilon_i, Z_j\varepsilon_j] \\ &= \frac{1}{n^2}\sum_i\sum_j \omega_{ij} ZZ_j' = \frac{1}{n^2} Z\Omega Z\ (\Omega\text{为协方差}) \end{aligned} \qquad (4\text{-}12)$$

若随机误差项存在异方差且不存在自相关，White（1980）提出权重矩阵 W 的估计量为 $\hat{W} = \frac{1}{n}S_0$，若随机误差项存在自相关，Newey 和 West（1987）提出权重矩阵 W 的估计量为

$$\hat{W} = \frac{1}{n}S = \frac{1}{n}(S_0 + \sum w(l)(S_l + S_l')) \qquad (4\text{-}13)$$

$$\text{其中} w(l) = 1 - \frac{l}{L+1}\quad S_l = \frac{1}{n}\sum_{i=l+1}^{n} \tilde{e}_i\tilde{e}_{i-l} z_i z_{i-l}'\quad l = 1,2,\cdots,L \qquad (4\text{-}14)$$

$$\tilde{e}_i = e(y_i, X_i; \tilde{\beta}) = y_i - h(X_i, \tilde{\beta})\quad i = 1,2,\cdots,n \qquad (4\text{-}15)$$

L 的选取准则为：使得随机误差项滞后大于 L 的序列相关小到可以忽略不计。其中 $\tilde{\beta}$ 是令 $W = I$ 所得到的一个非有效但一致的估计量，或使用其他方法得到的一致估计量。

但是正如 Baltagi（2005）指出，工具变量法或者固定效应法能够解决内生性的前提是样本的时间跨度特别长，如果在较短的面板模型中固定效应将不能消除内生性问题，估计的系数将是有偏且非一致的。此时广义矩估计是最好的选择。广义矩估计分为差分矩估计（DIF—GMM）和系统矩估计（SYS—GMM），Blundell 和 Bond（1998）证明在满足一定的初始条件下，SYS—GMM 比 DIF—GMM 估计的参数更为一致。本研究通过 AR 检验和

Sargan 检验验证模型设定合理性和工具变量选用的有效性。

4.2.3 变量设计及数据来源

4.2.3.1 被解释变量

本研究将 2001—2019 年我国各省旅游业全要素生产率增长率作为模型的被解释变量。如第 3 章所述，各省各年旅游业的全要素生产率增长率是通过两种投入、单一产出的导向型数据包络分析方法测算出来的。

4.2.3.2 解释变量

本研究将 2001—2019 年度我国各省旅游产业的集聚程度作为解释变量。如第 3 章所述，各省各年旅游产业的集聚程度是通过区位商来衡量的。

4.2.3.3 控制变量

（1）星级酒店数量。

星级酒店是由国家或省级旅游局评定的能够以夜为时间单位向旅客提供配有餐饮及相关服务的住宿设施，按不同习惯，它也被称为宾馆、酒店、旅馆、旅社、宾舍、度假村、俱乐部、大厦、中心等。一家酒店被评为星级酒店需要达到一定的条件，具有一定规模。酒店的星级相同表明这些酒店的建筑物、设施设备及服务项目均处于同一水准。随着中国旅游业的快速发展，我国星级酒店在数量上呈现出不断增长的态势。2001 年，全国共有星级酒店 8831 家；2019 年，全国星级酒店的数量增长到 10003 家。星级酒店数量的增加带来了竞争的加剧。根据 Micheal Porter 的“钻石模型”，一个行业的激烈竞争将引致该行业生产效率的提升。具体来说，当企业面对来自同行业的激烈竞争时，不得不通过技术研发、产品创新、改善管理、降低生产成本等方式提高自身的竞争力。在此过程中，企业的生产效率得到了提升。在竞争和创新的氛围下，整个行业的生产效率也得到了提高。一些学者通过实证研究证明了行业内企业的数量与行业的生产效率之间存在正向相关关系。刘春季（2012）使用 2000—2007 年家具行业的数据，对此 8 年间家具行业的全要素生产率及其影响因素进行了分析，结果表明：企业数量与行业的全要素生产率之间存在正向相关关系。吴迎新和徐淑一（2010）使用随机前沿分析模型对我国各省纺织业的技术效率进行了考察，并对影响技术效率的因素进行了分析，结果表明：企业数量是影响纺织企业效率的重要因素。本研究将各省各年星级酒店数量作为控制变量之一，考察其对该省旅游业全要素生产率增长是否产生影响。

（2）旅行社数量。

改革开放之前，中国只有两家旅行社——中国国际旅行社和中国旅行社，中国国际旅行社负责接待外国旅游者，而中国旅行社负责接待海外华侨和港澳台同胞。这两家旅行社属于事业单位，负责政治接待任务。1978 年以后，中国旅行社行业发生了历史性的变迁，旅行社开始了从事业型单位向产业型单位的转化，内部管理也由原来的行政化管理转变为企业化管理。随着中国旅游业的蓬勃发展，旅行社行业发展十分迅速。尤其是在 2001 年中国加入世贸组织以后，中国旅行社开启了全面向外资开放的进程，多家跨国旅游企业进驻中国，开展与中国本土旅行社的合作，成立了多家中外合资的旅行社，如国旅运通旅行社、罗森康辉商务差旅管理旅行社等。同时，随着旅游业市场的逐年扩张，大量本土旅行社也如雨后春笋般涌现出来。2001—2019 年 19 年间，旅行社数量从 11512 家增长到 38943 家，增长了 2.38 倍。旅行社数量的扩张，一方面增强了旅行社之间的竞争强度，迫使旅行社进行产品创新来提高竞争力。另一方面，越来越激烈的市场竞争使旅行社的利润空间越来越小，甚至出现了“零团费”等恶性竞争的现象，影响了旅行社行业及该地区旅游业的经营效率。基于以上原因，有学者指出中国的旅行社行业尚处在单纯的数量扩张阶段，这种数量上的扩张很难带来旅游业经营效率的提升。基于以上两种观点，本研究将旅行社数量纳入控制变量之中，考察其对旅游业全要素生产率增长的影响方向及程度。

（3）景区数量。

随着中国旅游业的发展，景区数量逐年攀升。传统的景区包括自然风景区和人文遗迹。近年来，随着消费者旅游需求的多样化及度假式旅游的发展，涌现出许多不同类型的景区，如主题公园、度假村、农家乐、采摘园等。景区数量上的增加及类型上的丰富，扩大了消费者的选择范围，增强了旅游目的地的整体竞争力。因此，本研究将各省各年旅游景区数量作为控制变量之一，考察其对该省旅游业全要素生产率增长是否产生影响。

（4）旅游业固定资产规模。

2001 年，旅游业固定资产数额为 3625.07 亿元人民币；2019 年，增长到 7058.03 亿元人民币。2001—2019 年，旅游业固定资产规模扩大了将近一倍。固定资产规模的增加是否能够带来旅游业全要素生产率增长率的提升？本研究将旅游业固定资产规模列为控制变量之一，在下文中加以考察。

（5）城市化水平。

本研究使用各省各年城镇人口占总人口的比重作为衡量各地区城市化水平的指标，考察城市化水平对旅游业全要素生产率增长是否产生影响。总体来说，城市化对旅游业的发展会产生正反两方面的影响。首先，城市化有促进旅游业发展的作用。从对旅游市场的需求来说，受计划经济体制的影响，我国经济具有“二元结构”的特征。对于旅游产品的需求，也体现出显著的“二元结构”（杨亚丽，孙根年，2013），即城市居民的出游率高，人均旅游消费也高；农村居民的出游率低，人均旅游消费也低。从要素供给的角度来说，城市化将为旅游业的发展提供更多的要素支持。旅游活动一般都是以城市作为节点和集散地的，城市为旅游业提供交通、通信、信息、住宿等方面的支持，促进旅游业更好更快地发展。但是，过度城市化也会为旅游业发展带来负面效应。Allen（1999）以度假型海岛为研究对象，考察了城市化对旅游业发展的影响，得到的结论是：城市化在不同程度上引起了度假型海岛的自然环境退化和海岸生态环境破坏，从而导致这些地区旅游人数的下降。徐洁等（2010）通过构建时间序列模型，考察了城市化与旅游业的发展水平之间的关系，其研究结果显示，城市化水平与旅游发展不存在显著的互为因果的关系。

综上所述，国内外学者分别从不同的视角对城市化与旅游业发展之间的关系进行了论证，结果不尽相同，本研究将城市化水平列为控制变量，考察其对旅游业全要素生产率增长是否产生影响。

本研究使用 2001—2019 年的省际面板数据。由于统计数据的缺失及统计口径的不一致，西藏自治区、台湾地区、香港特别行政区、澳门特别行政区没有列入样本之内。以上数据均来自 2001—2019 年《中国统计年鉴》和《中国旅游统计年鉴（正副本）》。表 4-1 显示了解释变量、被解释变量和描述性统计量的描述性统计。

表 4-1　变量的描述性统计

变量名称	变量含义	样本数	平均值	标准差	最大值	最小值
ln*TFP*	全要素生产率增长率	570	0.0571	0.2611	1.8086	−1.1394
ln*agg*	区位商	570	−0.1755	0.5727	1.5183	−1.4137
ln*hotel*	星级酒店数量	570	5.7063	0.6788	8.7880	3.3673
ln*travelagency*	旅行社数量	570	6.3473	0.7554	8.0959	3.7612
ln*scienicspot*	旅游景区数量	570	4.7271	1.1043	7.1639	0.6931
ln*scale*	旅游业规模	570	14.1610	0.9414	16.1291	11.1634
ln*urban*	城市化率	570	−0.7012	0.2936	−0.0619	−1.4289

4.2.4　实证结果及分析

4.2.4.1　样本总体计量结果

本研究首先基于方程 4-2 的产业集聚对旅游业全要素生产率的影响进行普通最小二乘估计，具体结果见表 4-2 的第 2 列，产业集聚变量系数为 0.241，且在 1% 的显著水平下通过假设检验，这表明产业集聚对旅游业全要素生产率具有很强的促进作用。OLS 估计方式是将全部数据堆积在一起然后估计出参数，忽略了数据的面板特征，由于模型是基于省级面板数据，区域异质性和时期异质性会影响不同区域旅游业全要素生产率，比如赵磊（2013）认为中国旅游业全要素生产率存在显著的时空差异性，区域旅游资源禀赋、区位因素等会影响各区域全要素生产率，因此不考虑区域异质性会导致参数估计的偏误，因此在第3列采用了固定效应模型进行估计。结果产业集聚依然在1%显著水平下通过检验，区别于最小二乘估计的结果，固定效应模型估计的产业集聚对旅游业全要素生产率的影响更大，其系数为0.589，是最小二乘估计结果的2倍多，因此固定效应模型有效修正了普通最小二乘估计的偏误。由于将被解释变量滞后一期引入模型中导致了内生性问题的产生，因此在第4列中，本研究采用工具变量法对其进行估计。工具变量有3个：分别是全要素生产率滞后二期、技术效率滞后二期、技术进步滞后二期，结果发现前两个工具变量有效克服了内生性问题，估计的产业集聚对全要素生产率的影响依然显著，其系数为0.145。表4-2的最后一列是采用系统矩估计进行参数估计。广义矩估计分为差分矩估计（DIF—GMM）和系统矩估计（SYS—GMM）两种方法，由于差分矩估计的有限样本特征较差，特别是在滞后期与随后的一阶差分项存在弱相关时，工具变量将变得较弱，而系统矩估计将差分方程和水平方程结合在一起，从而有效提供了估计的有效性，因此本研究主要采用系统矩估计。从估计结果来看，产业集聚对旅游业全要素生产率的影响依然显著，其系数为0.208。为了增强对模型估计结果的可靠性，需要对模型设定和工具变量的选择进行检验，主要采用AR检验和Sargan检验。结果AR（1）在1%下显著，而在AR（2）中不显著，这表明本研究采用SYS—GMM是合适的，另外从Sargan检验来看，其值在1%下通过检验，表明工具变量的选择也是有效的。

从表4-2可以看出，产业集聚对旅游业全要素生产率增长产生了极强的促进作用，这意味着各地区可以通过产业集聚，提升旅游业全要素生产率的增长率，继而提升旅游业的整体竞争力。

从控制变量与旅游业全要素生产率增长的关系来看：

第一，旅行社数量与旅游业全要素生产率增长率呈正相关关系，且在1%

的显著水平下通过假设检验，这表明旅行社数量的增加对旅游业全要素生产率增长具有很强的促进作用。在其他条件不变的情况下，一个省份的旅行社数量越多，该省份旅游业全要素生产率增长率越高。旅行社行业与其他旅游行业不同，在旅游业发展过程中，可发挥特有的中介和平台作用。具体来说，首先，旅行社为消费者提供整体的出游安排。游客不用自己计划和安排交通、住宿、餐饮、游览、娱乐等事宜，并且通过旅行社购买旅游产品的组合，价格往往优惠很多。所以，旅行社在一定程度上提高了旅行者的消费效用，增强了消费者对旅游产品的购买需求。其次，对于其他旅游企业来说，旅行社是旅游产品的分销商。旅行社通过旅游线路，将旅客所需要的交通、住宿、饮食、游览、娱乐等旅游产品整合在一起，形成主题鲜明、内涵丰富的旅游线路，然后向旅游者进行整体推销。从这个意义上来说，交通、住宿、饮食、游览、娱乐等旅游产品相当于"原材料"或"零部件"，而旅行社是这些旅游产品的"总装厂"。旅行社跨行业、跨地区对旅游产品资源进行整合，从供给上丰富了旅游产品数量和质量。因此，旅行社的数量越多，旅游业全要素生产率增长率越高。

第二，旅游景区的数量与旅游业全要素生产率增长率也存在显著的正相关关系，表明景区数量的增加将有利于旅游业全要素生产率增长率的增长。景区数量的增多，为消费者的旅游消费提供了更多的选择，在一定程度上扩大了消费者的消费需求，从而提升了旅游业的效率。同时，景区数目的增多，增强了竞争压力，迫使景区在管理、营销、产品创新等方面有所提高，从而促进了该地区旅游业全要素生产率增长率的提升。

第三，从计量结果来看，星级酒店的数量与旅游业全要素生产率增长率之间的关系并不明显。造成这一结果的原因可能是：近年来我国星级酒店（尤其是高星级酒店）在数量上存在盲目扩张的现象（廖静娴，2009）。过度竞争压低了星级酒店的利润空间，降低了经营效率。同时，来自快捷酒店的竞争压力越来越大。由于快捷酒店只提供"住宿 + 早餐"的服务，省去了前厅、餐饮、康乐等设施和服务，运营成本大幅降低，经济实惠的价格吸引了大量自助游旅客和商务旅行者，给星级酒店造成了很大的竞争压力。据《中国旅游统计年鉴（副本）》的数据显示，2019年，全国星级酒店的平均利润率为2.28%，总体盈利水平不高。

第四，从表4-2可以看出，旅游业固定资产规模与旅游业全要素生产率增长之间存在显著的负向相关的关系，这一点在上述四种估计中得到了一致性的结论。可能的原因是，我国旅游业尚处于起步阶段，在增加对旅游业的固定资产投资、扩大旅游业规模的同时，管理、服务、营销等方面却相对滞后，这无形中减弱了旅游业的全要素生产率增长率的提升。当前我国国民经济进入到中高速增长的“新常态”，传统产业面临有效需求不足及产能过剩等问题，旅游业成为新的投资热点。面对投资额大幅增长的态势，旅游企业需在品牌营销、服务水平、企业管理等方面下苦功，力求有所提高。否则，一味地扩大旅游业固定资产的投资规模，而技术进步和技术效率跟不上，将降低旅游业全要素生产率增长率的水平。

第五，城市化水平与旅游业全要素生产率增长率之间的关系并不显著。这意味着城市化水平的提升并不能显著提高旅游业全要素生产率增长率的水平。原因可能是随着农民收入的增加，农民的出游意愿越来越强，旅游消费支出越来越多。近年来，我国农村旅游人数增幅呈现出逐步走高的趋势，2019年，农村旅游人数增幅增速为8.10%。而城镇居民国内旅游人数增幅则出现递减的趋势。与此同时，我国农村居民国内旅游支出近几年呈现总体增长的趋势，2019年农村居民国内旅游支出为9700亿元，增速达到了11.49%。城镇居民国内旅游支出在增速方面却出现整体趋缓的态势。这说明我国农村居民在基本生活得到保障的前提下，出行意愿大大增加，对旅游等精神消费的需求大幅增加。而城镇居民的出行意愿和旅游消费的增幅却呈下降趋势。在此背景下，城市化水平的提高并不能对旅游业的生产效率产生显著的提升作用。

4.2.4.2 分区域的回归结果

中国经济发展存在明显的区域非均衡性。受区位条件和国家发展政策的影响，东部地区的经济发展水平领先于西部和中部，发展旅游业的基础较好。“十五”规划以来，我国政府陆续提出“西部大开发”“振兴东北老工业基地”“中部崛起”等促进中西部发展的战略构想，出台了一系列加速中西部发展的政策措施。在这些政策的作用下，中部和西部经济发展的规模和效率得到了显著的提高。中部和西部的旅游资源丰富，随着地区经济发展水平的提高、人均可支配收入的增加及基础设施的改善，中部和西部的旅游产业得到了快速的发展，表现出明显的“后发优势”。为了全面了解产业集聚对旅游业全要素生产率增长的影响，本研究进一步将全国样本分为东、中、西三大经济区域，分别考察不同区域内的各省份旅游产业集聚对旅游业全要素生产率增长的影响程度和差异，对以全国各省份为样本的计量结果进行有效的补充和对照。

从表 4-3 的回归结果来看，东部、中部、西部产业集聚对旅游业全要素生产率增长的影响都为正，且都在 1% 的水平上显著。具体而言，产业集聚水平增加一个单位，东部地区旅游业全要素生产率增长率将增加 0.216 个单位；中部地区旅游业全要素生产率增长率将增加 0.244 个单位；西部地区旅游业全要素生产率增长率将增加 0.339 个单位。可见，产业集聚对旅游业全要素增长率的促进作用表现出明显的区域差异，对西部的促进作用最强、中部次之、东部最弱。可能的原因是：与中部和西部相比，东部旅游业发展的时间较长、基础较好、产业集聚的水平较高。在较高的集聚水平上再提升旅游业产业集聚的水平，其对全要素生产率增长的促进作用就比较弱。相比之下，中部和西部的旅游业尚处在发展初期，提升产业集聚的水平，将大幅度地促进这两个区域旅游业全要素生产率的增长。

表 4-2　不同计量方法的回归结果分析

	普通最小二乘估计（OLS）	固定效应模型（FE）	工具变量估计（IVFE）	系统矩估计（SYSGMM）
ln*tfp*	−0.345*** （−9.14）	−0.409*** （−11.64）	0.509 （2.94）	−0.366*** （−9.12）
ln*agg*	0.241*** （10.64）	0.589*** （14.60）	0.145*** （3.94）	0.208*** （7.81）

续表

	普通最小二乘估计（OLS）	固定效应模型（FE）	工具变量估计（IVFE）	系统矩估计（SYSGMM）
ln*hotel*	0.0165 （0.56）	0.0132 （0.36）	0.006 （0.15）	0.016 （0.44）
ln*travelagency*	0.181*** （7.19）	0.0912*** （2.99）	0.109*** （2.88）	0.166*** （5.36）
ln*scenicspot*	0.0547*** （4.91）	0.00692 （0.59）	0.024 （1.41）	0.043*** （3.11）
ln*size*	−0.235*** （−8.55）	−0.363*** （−9.82）	−0.135*** （−3.12）	−0.213*** （−6.26）
ln*urban*	0.0766 （1.51）	0.509*** （5.98）	0.022 （0.28）	0.066 （1.12）
_cons	2.012*** （7.75）	5.003*** （9.22）	1.136*** （2.82）	1.815*** （5.75）
N	540	540	510	570
AR（1）				−9.91 （0.000）
AR（2）				0.76 （0.446）
SARGAN				456.25 （0.000）

注：表中圆括号中为 Z 统计量；***，**，* 分别代表在 1%、5%、10% 的显著性水平。

表 4–3　产业集聚对旅游业全要素生产率增长影响分区域回归结果分析

	全样本	东部	中部	西部
ln*tfp*	−0.366*** （−9.56）	−0.425*** （−6.75）	−0.397*** （−5.97）	−0.406*** （−6.46）

续表

	全样本	东部	中部	西部
ln*agg*	0.208*** （7.81）	0.216*** （5.59）	0.244*** （3.93）	0.339*** （6.28）
ln*hotel*	0.016 （0.44）	0.058 （1.29）	0.188* （1.68）	−0.065 （−1.20）
ln*travagency*	0.166*** （5.36）	0.198*** （4.80）	0.100 （1.54）	0.153*** （2.68）
ln*scenic*	0.043*** （3.11）	0.019 （0.91）	0.039 （1.46）	0.038* （1.73）
ln*size*	−0.213*** （−6.26）	−0.239*** （−4.65）	−0.322*** （−3.50）	−0.143*** （−2.96）
ln*urban*	0.066 （1.12）	0.081 （1.03）	0.413** （2.36）	0.039 （0.42）
_cons	1.815*** （5.75）	1.849*** （3.70）	3.087*** （3.54）	1.409*** （3.18）
N	570	209	152	209

注：表中圆括号中为 Z 统计量；***，**，* 分别代表在 1%、5%、10% 的显著性水平。

另外，通过分区域的考察控制变量对旅游业全要素生产率增长的影响状况，获得以下几点结论。首先，西部和东部的旅行社数量与这两个区域旅游业全要素生产率增长之间存在显著的正相关关系，即西部和东部的旅行社数量增加，会带来相应区域旅游业全要素生产率增长幅度的提升，且东部的提升幅度大于西部。中部旅行社数量和旅游业全要素生产率增长的相关关系不显著。其次，西部景区数量的增加，将显著提升该区域旅游业全要素生产率增长率。最后，东、中、西部旅游业固定资产增加，都将降低这三个区域的旅游业全要素生产率增长率。其中，对中部的影响最大，东部次之，西部最小。

4.3 产业集聚对中国旅游业技术进步的影响

在第 2 节中，本研究通过实证研究证明了产业集聚有利于旅游业全要素生产率的提升，并分析了产业集聚促进旅游业全要素生产率增长的区域差异。但是，我们并不清楚产业集聚对旅游业全要素生产率增长的积极影响是通过哪种渠道进行传导的，因为全要素生产率分为技术进步和技术效率。在本节中，本研究将分析产业集聚对旅游业技术进步影响的程度。

4.3.1 模型的设定

$$\ln Techch_{it} = \beta_0 + \varphi_1 \ln Techch_{it\text{-}1} + \beta_1 \ln agg_{it} + \sum_{j=1}^{n} \beta_j \ln X^{j}{}_{it} + \mu_i + \nu_{it} \quad (4\text{–}16)$$

其中，i，t 分别表示省份和年份；$\ln Techch_{it}$ 表示各省各年技术进步增长率的对数值；$\ln Techch_{it-1}$ 表示各省各年技术进步增长率的滞后项；$\ln agg_{it}$ 表示各省各年旅游产业区位商。j 表示控制变量种类，X 表示控制变量（本研究选取星级酒店数量、旅行社数量、景区数量、旅游业固定资产规模、城市化水平作为控制变量）。

4.3.2 变量设计及数据来源

4.3.2.1 被解释变量

本研究将 2001—2019 年度我国各省旅游业技术进步增长率作为模型的被解释变量。如第 3 章所述，技术进步增长率是按照 Ray 和 Desli（1997）的指数分解法将全要素生产率增长率分解而得出的。

4.3.2.2　解释变量

本研究将 2001—2019 年度我国各省旅游产业的集聚程度作为解释变量。如第 3 章所述，各省各年旅游产业的集聚程度是通过区位商来衡量的。

4.3.2.3　控制变量

本研究选取的控制变量共有 5 个，分别是星级酒店数量、旅行社数量、景区数量、旅游业固定资产规模、城市化水平。控制变量的含义和数据来源同本章第 2 节，在这里不再赘述。

4.3.3　实证结果及分析

4.3.3.1　样本总体计量结果与分析

本研究首先使用系统矩估计的方法考察了技术进步与产业集聚及其他控制变量的关系。结果如表 4-4 第 3 列所示，从计量结果来看，虽然产业集聚变量的估计系数为正，但并不显著。说明目前产业集聚对我国旅游产业的技术进步影响并不显著。从理论上说，产业集聚应该能够促进旅游业技术进步的提高。按照 Krugman（1991）的观点，产业集聚主要通过两种途径对技术进步产生影响。首先，集聚有利于劳动力、中间产品等创新要素的供给。产业集聚会吸引大批专业技术人员和中间产品的供应商，这无疑降低了企业对于人才和原材料的搜寻成本。同时，集聚区内的员工流动，也会对知识外溢和技术进步起到促进作用。其次，集聚能够构建有利于知识和技术外溢的环境。企业在空间上相互邻近，节省了交通成本，缩短了信息时滞，为知识和技术的外溢提供了便利。从这个意义上说，企业在空间上的集聚比在孤立的环境中更容易进行产品和服务的研发和创新，从而提高整个产业的技术进步水平。

但就目前的情况来说，产业集聚对旅游业技术进步的促进效应并没有显现出来。可能的原因有如下几点。首先，我国旅游业尚处在初步发展的阶段，尤其对于中部和西部来说，旅游景区和设施的开发和建设才刚刚起步，产业集聚的程度较弱，尚未形成网络，因此对技术进步的促进作用较弱。其次，总体来说，我国旅游企业之间的沟通和合作不足（冯卫红，2010），导致产业集聚不能对旅游业的技术进步产生显著的促进作用。

在旅游企业数量对技术进步的影响上，只有景区数量对技术进步的影响是显著的，星级酒店数量和旅行社数量对技术进步的影响都不显著。同时，固定资产规模、城市化水平这些控制变量对技术进步的影响都不显著。

4.3.3.2 分区域的回归结果

本研究进一步将全国样本分为东、中、西三大经济区域，分别考察不同区域产业集聚对旅游业技术进步的影响程度和差异，对以全国各省份为样本的计量结果进行有效的补充和对照。从表 4-5 的回归结果来看，东部、中部、西部这三个区域的产业集聚对旅游业技术进步的影响都不显著。

表 4-4 产业集聚对旅游产业全要素生产率增长影响的不同计量方法的估计结果

	全要素生产率增长率系统矩估计（SYSGMM）	技术进步系统矩估计（TECHG-MM）	技术效率系统矩估计（EFFGMM）	规模效率系统矩估计（SECH-GMM）	纯技术效率系统矩估计（PECH-GMM）
ln*tfp*	−0.366*** （−9.12）				
ln*tech*		−0.340*** （−6.22）			
ln*eff*			−0.358*** （−7.22）		
ln*sech*				−0.293*** （−5.19）	
ln*pech*					−0.374*** （−7.77）
ln*agg*	0.208*** （7.81）	0.002 （0.07）	0.292*** （8.05）	0.120*** （6.92）	0.182*** （6.18）

续表

	全要素生产率增长率系统矩估计（SYSGMM）	技术进步系统矩估计（TECHGMM）	技术效率系统矩估计（EFFGMM）	规模效率系统矩估计（SECHGMM）	纯技术效率系统矩估计（PECHGMM）
ln*hotel*	0.016 （0.44）	0.033 （0.87）	−0.047 （−0.96）	−0.021 （−0.90）	−0.003 （−0.08）
ln*travagency*	0.166*** （5.36）	−0.042 （−1.30）	0.245*** （5.92）	0.127*** （6.55）	0.127*** （3.77）
ln*scenic*	0.043*** （3.11）	0.028* （1.95）	0.010 （0.56）	−0.003 （−0.43）	0.012 （0.82）
ln*size*	−0.213*** （−6.26）	−0.013 （−0.36）	−0.220*** （−4.84）	−0.094*** （−4.26）	−0.150*** （−4.02）
ln*urban*	0.066 （1.12）	0.086 （1.39）	−0.067 （−0.86）	−0.055 （−1.46）	0.007 （0.11）
_cons	1.815*** （5.75）	0.256 （0.75）	1.793*** （4.24）	0.644 （3.16）	1.322*** （3.82）
AR（1）	−9.91 （0.000）	−4.31 （0.000）	−9.99 （0.000）	−9.32 （0.000）	−10.33 （0.000）
AR（2）	0.76 （0.446）	−0.23 （0.819）	0.02 （0.981）	−0.36 （0.719）	0.45 （0.653）
SARGAN	456.25 （0.000）	421.98 （0.000）	210.15 （0.001）	294.84 （0.000）	168.19 （0.175）

注：表中圆括号中为 Z 统计量；***，**，* 分别代表在 1%、5%、10% 的显著性水平。

表 4–5　产业集聚对旅游业技术进步影响的分区域回归结果

	全国	东部	中部	西部
ln*tech*	−0.340*** （−6.22）	−0.397*** （−4.56）	−0.320*** （−3.39）	−0.363*** （−3.99）
ln*agg*	0.002 （0.07）	0.023 （0.54）	−0.013 （−0.21）	−0.007 （−0.12）

续表

	全国	东部	中部	西部
ln*hotel*	0.033 （0.87）	0.015 （0.29）	0.107 （0.91）	0.061 （1.03）
ln*travagency*	−0.042 （−1.30）	−0.000 （−0.01）	−0.019 （−0.29）	−0.110* （−1.73）
ln*scenic*	0.028* （1.95）	0.014 （0.62）	0.044 （1.55）	0.027 （1.09）
ln*size*	−0.013 （−0.36）	−0.014 （−0.25）	−0.060 （−0.63）	0.010 （0.18）
ln*urban*	0.086 （1.39）	0.065 （0.75）	0.182 （0.99）	0.127 （1.23）
_cons	0.256 （0.75）	0.154 （0.28）	0.344 （0.38）	0.221 （0.44）
N	570	209	152	209
AR（1）	−4.31 （0.000）	−3.34 （0.001）	−2.62 （0.06）	−3.45 （0.001）
AR（2）	−0.23 （0.819）	0.17 （0.865）	−0.99 （0.321）	−0.93 （0.350）

注：表中圆括号中为 Z 统计量；***，**，* 分别代表在 1%、5%、10% 的显著性水平。

4.4 产业集聚对中国旅游业技术效率的影响

本章第 3 节中，考察了产业集聚对中国旅游业技术进步的影响。由于全要素生产率可以分为技术进步和技术效率，技术效率又可以进一步分为纯技术效率和规模效率。所以，在本节中，将分别考察产业集聚对中国旅游业技术效率、纯技术效率和规模效率的影响程度，以期找到产业集聚影响旅游业全要素生产率增长的作用机制和渠道。

4.4.1　模型的设定

$$\ln Techef_{it} = \beta_0 + \varphi_1 \ln Techef_{it\text{-}1} + \beta_1 \ln agg_{it} + \sum_{j=1}^{n} \beta_j \ln X^j{}_{it} + \mu_i + \nu_{it} \quad (4-17)$$

$$\ln Pech_{it} = \beta_0 + \varphi_1 \ln Pech_{it\text{-}1} + \beta_1 \ln agg_{it} + \sum_{j=1}^{n} \beta_j \ln X^j{}_{it} + \mu_i + \nu_{it} \quad (4-18)$$

$$\ln Sech_{it} = \beta_0 + \varphi_1 \ln Sech_{it\text{-}1} + \beta_1 \ln agg_{it} + \sum_{j=1}^{n} \beta_j \ln X^j_{it} + \mu_i + \nu_{it} \quad (4-19)$$

其中，i，t 分别表示省份和年份；$\ln Techef_{it}$ 表示各省各年技术效率增长率的对数值；$\ln Techef_{it-1}$ 表示各省各年技术效率增长率的滞后项；$\ln Pech_{it}$ 表示各省各年纯技术效率增长率的对数值；$\ln Pech_{it-1}$ 表示各省各年纯技术效率增长率的滞后项；$\ln Sech_{it}$ 表示各省各年规模效率增长率的对数值；$\ln Sech_{it-1}$ 表示各省各年规模效率增长率的滞后项；$\ln agg_{it}$ 表示各省各年旅游产业区位商。j 表示控制变量种类，X 表示控制变量（本研究选取星级酒店数量、旅行社数量、景区景点数量、旅游业固定资产规模、城市化水平作为控制变量）。

4.4.2　变量设计及数据来源

4.4.2.1　被解释变量

如模型所示，本研究分别将 2001—2019 年度我国各省旅游产业技术效率增长率、纯技术效率增长率、规模效率增长率作为模型的被解释变量。如第 3 章所述，技术效率增长率、纯技术效率增长率和规模效率增长率都是按照 Ray 和 Desli（1997）的指数分解法将全要素生产率增长率分解而得出的。

4.4.2.2 解释变量

本研究将 2001—2019 年我国各省旅游产业的集聚程度作为解释变量。如第 3 章所述，各省各年旅游产业的集聚程度是通过区位商来衡量的。

4.4.2.3 控制变量

本研究选取的控制变量分别是：星级酒店数量、旅行社数量、景区景点数量、旅游业固定资产规模、城市化水平。控制变量的含义和数据来源同本章第 2 节，在这里不再赘述。

4.4.3 实证结果及分析

4.4.3.1 样本总体计量结果与分析

本研究使用系统矩估计的方法对方程进行估计。从产业集聚对技术效率的影响来看，得到如下结论。首先，产业集聚对技术效率的影响是正向显著的，说明提高旅游业产业集聚的水平，将提升旅游业的技术效率。结合其对技术进步的影响不显著的结论来看，说明当前我国旅游业中的产业集聚对全要素生产率增长的影响主要是通过提升技术效率发挥作用的。其次，从控制变量对技术效率的影响来看，旅行社数量的增加有利于旅游业技术效率的提升；旅游业固定资产规模对技术效率有显著负向的影响，说明旅游业固定资产规模越大，旅游业的技术效率越低。这与固定资产规模对旅游业全要素生产率增长的显著负向影响是相一致的。

由于技术效率可以进一步分解为纯技术效率和规模效率，而产业集聚可能会形成规模经济，那么产业集聚对技术效率强烈的促进效应到底源于纯技术效率的提升，还是源于规模效率的改善呢？因此我们将产业集聚对规模效率和纯技术效率进行回归，其结果见表 4-4 的最后两列。结果表明产业集聚对旅游业的纯技术效率和规模效率都具有较强的促进效应，但是对纯技术效率的影响要超过规模效率。具体来说，产业集聚对纯技术效率的影响系数为 0.182，而对规模效率的影响只有 0.120，二者之和为 0.302，正好与产业集聚对技术效率的影响相近。

从控制变量对规模效率和纯技术效率的影响来看，首先，旅行社数量对规模效率和纯技术效率都有显著为正的影响，且对纯技术效率的影响程度大于对规模效率的影响程度。其次，旅游业固定资产规模对规模效率和纯技术效率都有显著为负的影响，说明扩大固定资产规模，将降低旅游业的规模效率和纯技术效率，其中，对纯技术效率的负向影响要大于其对规模效率的负向影响。

基于以上分析，可以看出产业集聚与旅游业全要素生产率之间确实存在较强的内在联系，在旅游业产业集聚水平较高的地区，产业集聚通过形成规模经济，促进集聚区纯技术效率的提升，以此改善该地区总体技术效率，从而推动旅游业全要素生产率的提高。由于我国旅游业发展尚处于初级阶段，产业集聚尚未对旅游业的技术进步形成实质性的促进作用。

4.4.3.2　分区域的回归结果

4.4.3.2.1　技术效率的分区域考察

本研究进一步将全国样本分为东、中、西三大经济区域，分别考察不同区域旅游产业集聚对旅游产业技术效率的影响程度和差异，对以全国各省份为样本的计量结果进行有效的补充和对照。

表 4–6　产业集聚对旅游业技术效率影响的分区域回归结果分析

	全国	东部	中部	西部
ln*eff*	−0.358*** （−7.22）	−0.375*** （−4.77）	−0.384*** （−4.90）	−0.404*** （−4.91）
ln*agg*	0.292*** （8.05）	0.192*** （3.65）	0.276*** （3.39）	0.331*** （4.31）
ln*hotel*	−0.047 （−0.96）	0.042 （0.69）	0.050 （0.34）	−0.144 （−1.83）

续表

	全国	东部	中部	西部
ln*travagency*	0.245*** （5.92）	0.202*** （3.58）	0.112 （1.32）	0.258*** （3.17）
ln*scenic*	0.010 （0.56）	0.000 （0.02）	−0.016 （−0.45）	0.013 （0.41）
ln*size*	−0.220*** （−4.84）	−0.221*** （−3.15）	−0.232* （−1.94）	−0.136** （−1.97）
ln*urban*	−0.067 （−0.86）	−0.003 （−0.03）	0.186 （0.82）	−0.099 （−0.75）
_cons	1.793*** （4.24）	1.641** （2.41）	2.587 （2.28）	1.060* （1.67）
N	570	209	152	209
AR（1）	−9.99 （0.000）	−5.85 （0.000）	−5.64 （0.000）	−18.83 （0.000）
AR（2）	0.02 （0.981）	0.39 （0.693）	1.15 （0.252）	−0.70 （0.486）

注：表中圆括号中为 Z 统计量；***，**，* 分别代表在 1%、5%、10% 的显著性水平。

从表 4-6 的回归结果来看，东部、中部、西部产业集聚对旅游业技术效率的影响都为正，且都在 1% 的水平上显著。具体而言，产业集聚水平增加 1 个单位，东部地区旅游业技术效率将增加 0.192 个单位；中部地区旅游业技术效率将增加 0.276 个单位；西部地区旅游业技术效率将增加 0.331 个单位。可见，产业集聚对旅游业技术效率的促进作用表现出明显的区域差异，对西部的促进作用最强、中部次之、东部最弱。另外，通过分区域的考察控制变量对旅游业技术效率的影响状况，可获得以下两点结论。首先，西部和东部的旅行社数量与这两个区域旅游业技术效率之间存在显著的正相关关系，即西部和东部的旅行社数量增加，会带来相应区域旅游业技术效率的提升，且西部的提升幅度大于东部。其次，东、中、西部旅游业固定资产增加，都将降低这三个区域旅游业的技术效率。其中，对中部的影响最大，东部次之，西部最小。

4.4.3.2.2　纯技术效率和规模效率的分区域考察

由于技术效率可以进一步分为纯技术效率和规模效率，本研究进一步分区域考察了产业集聚对纯技术效率和规模效率的影响程度。结果如表 4-7 和表 4-8 所示。

表 4-7　产业集聚对旅游业纯技术效率影响的分区域回归结果分析

	全样本	东部	中部	西部
ln*pech*	−0.374*** （−7.77）	−0.329*** （−4.06）	−0.397*** （−5.08）	−0.448*** （−5.66）
ln*agg*	0.182*** （6.18）	0.127*** （2.81）	0.152** （2.32）	0.201*** （3.38）
ln*hotel*	−0.003 （−0.08）	0.025 （0.47）	0.102 （0.87）	−0.047 （−0.81）
ln*travagency*	0.127*** （3.77）	0.110** （2.29）	0.014 （0.20）	0.101 （1.62）
ln*scenic*	0.012 （0.82）	0.014 （0.59）	−0.008 （−0.29）	0.020 （0.83）
ln*size*	−0.150*** （−4.02）	−0.139** （−2.30）	−0.171* （−1.79）	−0.084 （−1.58）
ln*urban*	0.007 （0.11）	0.005 （0.06）	0.254 （1.39）	0.014 （0.14）
_cons	1.322*** （3.82）	1.086* （1.85）	2.028** （2.23）	0.787 （1.60）
N	570	209	152	209

注：表中圆括号中为 Z 统计量；***，**，* 分别代表在 1%、5%、10% 的显著性水平。

由表 4-7 可知，东部、中部、西部产业集聚对旅游业纯技术效率的影响都为正，且表现出明显的区域差异，产业集聚对西部地区旅游业纯技术效率的促进作用最强、中部次之、东部最弱。同时，东部的旅行社数量与旅游业纯技术效率之间存在显著的正相关关系，即东部的旅行社数量增加，会带来相应区域旅游业纯技术效率的提升。此外，东部和中部旅游业固定资产增加，会对这两个区域的纯技术效率有显著的负向影响。

表 4-8 产业集聚对旅游业规模效率影响的分区域回归结果分析

	全样本	东部	中部	西部
ln*sech*	−0.293*** (−5.19)	−0.409*** (−4.76)	−0.426*** (−4.20)	−0.269*** (−2.94)
ln*agg*	0.120*** (6.92)	0.063*** (2.68)	0.123*** (3.48)	0.137*** (3.47)
ln*hotel*	−0.021 (−0.90)	0.040 (1.43)	−0.058 (−0.93)	−0.076* (−1.88)
ln*travagency*	0.127*** (6.55)	0.087*** (3.48)	0.092** (2.52)	0.154*** (3.67)
ln*scenic*	−0.003 (−0.43)	−0.014 (−1.08)	−0.008 (−0.52)	−0.006 (−0.42)
ln*size*	−0.094*** (−4.26)	−0.103*** (−3.19)	−0.049 (−0.96)	−0.066* (−1.87)
ln*urban*	−0.055 (−1.46)	0.035 (0.73)	−0.079 (−0.80)	−0.097 (−1.41)
_cons	0.644*** (3.16)	0.771** (2.47)	0.468 (0.95)	0.405 (1.23)
N	570	209	152	209

注：表中圆括号中为 Z 统计量；***，**，* 分别代表在 1%、5%、10% 的显著性水平。

由表 4-8 可知，产业集聚对东部、中部、西部旅游业的规模效率都有显著的正向影响，且对西部的影响大于中部和东部。另外，增加旅行社数量能够有效地促进西部地区旅游业规模效率的提升，但是这种效应在东部和中部却不显著。同时，增加东部和西部旅游业固定资产规模，对相应区域规模效率有显著的负向影响，但这种影响在中部却不明显。

4.5　本章小结

在本章中，使用最小二乘法、固定效应模型、工具变量法和广义矩估计对产业集聚对我国旅游业全要素生产率增长的影响程度进行测量，并探析产业集聚对全要素生产率的各组成部分（技术进步和技术效率）的影响程度，从而找到产业集聚影响旅游业全要素生产率增长的途径和机制，得到的主要结论如下。

第一，产业集聚对旅游业全要素生产率增长产生了极强的促进作用。这表示各地区可以通过产业集聚提升旅游业全要素生产率的增长率，继而提升旅游业的整体竞争力。同时，产业集聚对旅游业全要素增长率的促进作用表现出明显的区域差异，产业集聚对西部旅游业全要素生产率增长的促进作用最强、中部次之、东部最弱。

第二，产业集聚对我国旅游业的技术进步影响并不显著。可能的原因是：我国旅游业尚处在初步发展的阶段，尤其对于中部和西部来说，旅游景点和设施的开发和建设才刚刚起步，产业集聚的程度较弱，尚未形成网络，因此对技术进步的促进作用较弱。另外，总体来说，我国旅游企业之间的沟通和合作不足（冯卫红，2010），这导致产业集聚不能对旅游业的技术进步产生显著的促进作用。

第三，产业集聚对我国旅游业技术效率的影响是正向显著的，说明提高旅游业产业集聚的水平将提升旅游业的技术效率。结合产业集聚对技术进步的影响不显著的结论来看，说明当前我国旅游业中的产业集聚对全要素生产率增长的影响主要是通过提升技术效率发挥作用的。

第四，将技术效率分解为纯技术效率和规模效率，分别考察产业集聚对纯技术效率和规模效率的影响，结果发现：产业集聚对旅游业的纯技术效率和规模效率都具有较强的促进效应，但是对纯技术效率的影响远远大于规模效率。

具体来说，产业集聚对纯技术效率的影响系数为 0.182，而对规模效率的影响只有 0.120，二者之和为 0.302，正好与产业集聚对技术效率的影响相近。

第五，从控制变量对旅游业全要素生产率的影响来看，增加旅行社和星级酒店的数量，能够有效地提升旅游业的全要素生产率。同时，增加固定资产投资规模对我国旅游业全要素生产率的提升具有显著的负向影响。

第 5 章
产业集聚对中国旅游业全要素生产率影响的门限特征

5.1 引言

在第 4 章中，就产业集聚对中国旅游业全要素生产率增长的影响程度进行了分析，并考察了产业集聚对旅游业全要素生产率增长率的影响机制和路径。结果发现：产业集聚对中国旅游业全要素生产率增长有显著的正向影响。同时，产业集聚对旅游业技术效率有显著为正的影响，而对技术进步的影响并不显著，说明产业集聚对旅游业全要素生产率增长的促进作用主要是通过改善技术效率实现的。在本章中，将对产业集聚对旅游业全要素生产率增长的门限特征进行考察。

美国经济学家胡佛（E.M.Hoover）在 1948 年出版的著作《经济活动的区位》中提出了产业集聚的"最优规模"理论。该理论的核心内容是：产业集聚存在一个最佳规模，当集聚的规模小于这个最佳规模时，扩大产业集聚水平会带来集聚区域整体经济效益的提升；当集聚的规模超过这个最佳规模时，继续扩大产业集聚的规模会导致集聚区域整体经济效益的下降。具体来说，产业集聚为企业带来搜寻劳动力和中间产品的便利，以及获得知识外溢等方面的优势。产业集聚有效地降低了企业的一般性开支和生产成本。产业集聚的这一系列经济效应形成"集聚力"。在形成集聚力的同时，产业集聚也增加了地租等一系列支出。而且，过度的产业集聚会引起地方产业同构，导致过度竞争，从而影响企业的经济效益。这些力量迫使企业进行分散化生产以降低成本，被称为“分散力”。随着产业集聚的不断发展，技术、组织以及市场等方面的优势，即“集聚力”会越来越弱；而地租等“分散力”会越来越强。所以，产业集聚效应不会随着集聚规模的增长一直增长，而是会达到极值后下降。因此，集聚区域需要寻找一个最优的集聚规模，进而实现集聚效应的最大化。

胡佛的“最优规模”理论引起了国内外学者的关注和重视。一些学者通过实证研究证明集聚对劳动生产率等要素生产效率的提高并非总是存在线性的促进关系。Arup Mitra（1999）以印度的棉纺织业和电器设备业为例，考察了这两个行业产业集聚对产业效率的关系，并以城市规模作为集聚水平的表征。结果发现当城市规模（即产业集聚水平）超过某一程度后，产业集聚对产业效率会产生负向作用。梁琦、詹亦军（2005）对长三角 16 个城市的制造业进行了考察，发现诸如台州的日用塑料制品业、温州的灯具业、永康的保温杯业等产业存在过度集聚的现象，引起地方产业同构和过度竞争，导致产业的劳动生产率低下，最终引致产业的萎缩，甚至消亡。另有一些学者研究产业集聚与全要素生产率之间的关系，发现产业集聚对全要素生产率的提高存在非线性的促进关系。柴志贤、黄祖辉（2008）分析了产业集聚对中国工业生产率增长的影响，结果表明：就中国的制造业来说，产业集聚对 50% 以上的制造业行业全要素生产率的增长起到了促进作用，但对于造纸业、纺织业、黑色金属冶炼与压延、通用设备制造业来说，产业集聚反而抑制了这些行业全要素生产率的提高。陈建军、胡晨光（2008）以 1978—2005 年长三角次区域的数据为样本，以资本存量作为衡量区域产业集聚的指标，以索洛剩余作为衡量区域全要素生产效率的指标，对产业集聚对区域全要素生产率的影响进行了实证分析。研究表明产业集聚发展到一定阶段，就会引起一些产业的索洛剩余的递减，即全要素生产率的下降，继而推动这些产业向集聚区外转移。

由以上理论和实证分析可知，对制造业来说，产业集聚在一定范围内，能够促进全要素生产率的提高；但如果超过一定范围，产业集聚就会造成地区间的产业同构，引起过度竞争，降低整个产业全要素生产率的增长。与制造业相比，旅游产业具有天然的集聚特性（冯卫红，2009），原因有如下几点。第一，旅游吸引物具有不可移动性，消费者必须到达旅游吸引物所在地进行消费。所以，大多数旅游企业都是围绕旅游吸引物集聚的。第二，旅游产品的生产过程是“垂直分离”的，“吃、住、行、游、购、娱”等旅游产品由不同的行业提供，生产工艺和流程各不相同。因此，旅游产品的消费具有“一揽子”的特性。第三，旅游产品的消费在时间上具有有限性。对于旅游者来说，总是想在有限的时间里，获得更多的旅游体验，这就在客观上要求旅游产业的各个行业必须集中分布，以便节省旅游者的消费时间，使旅游者获得更多的旅游体验，扩大旅游者的消费效用。第四，大多数旅游产品具有不可存储性，如酒店的客房、景区景点的美景、手工艺者的技艺等。这就要求旅游企业必须最大限度地接近客源市场，这样才能提高旅游产品的销售量。综合以上几点原因，可知与制造业相比，旅游业有其内在特性，决定了旅游业集聚化发展的倾向更加显著和强烈。

对于制造业来说，产业集聚对全要素生产率增长的促进作用具有非线性的特征。那么，对于旅游产业来说，产业集聚对全要素生产率增长的促进作用是否也具有非线性特征呢？这是本章意欲考察和解决的问题。本章将使用面板门限回归（Panel threshold regression）方法，对产业集聚对旅游业全要素生产率增长的促进作用的门限特征进行考察。作为一种非线性计量方法，门限面板回归在技术上具有两个优点：一是能估计出具体的门槛值；二是能对样本进行内生分组，避免了外生分组和交叉项检验等方法的不足。

5.2　门限回归模型

1978 年，英国华裔经济学家 H.Tong（汤家豪）博士提出了门限自回归模型（Threshold Auto-regressive，TAR）。这一模型反映了在某个特定时间点上，时间序列的运行方式由一种模式迅速转换到另一种模式。在对数据进行处理的过程中，以跳跃点为界对样本进行分类，分别回归后再比较系数之间的差异。门限自回归模型自提出以来，被广泛地应用于经济和金融领域的研究。在问世之初，这种非线性模型主要应用于时间序列数据。直到 20 世纪 90 年代，Tiao 和 Tsay（1994）将门限自回归模型应用于横截面数据和面板数据，该模型的应用领域得到了更大的扩展。门限自回归模型的最大优点在于研究方式比较客观，由模型和数据决定结构突变点，而不是靠研究者主观确定分界点，增强了研究结论的可信性和说服力。

总体来说，对于面板数据进行门限自回归分析可以分为两个步骤：首先，对于给定的门限值 θ，得到相应的残差平方和（SSR），在所有计算而得的残差平方和中，找到最小值所对应的门限值 θ，将这个门限值记为 $\hat{\theta}$。然后，使用这个特定的门限值 $\hat{\theta}$ 来估计模型中不同区间的系数，并进行对比分析。以下将对本研究使用的单一门限回归模型和多门限回归模型进行详细的描述。

5.2.1 单一门限回归模型

5.2.1.1 模型的形式

单一门限回归模型的一般形式为：

$$y_{it}=\varphi_i+\alpha_1 x_{it}+e_{it}\ q_{it}\leqslant\theta \tag{5-1}$$

$$y_{it}=\varphi_i+\alpha_2 x_{it}+e_{it}\ q_{it}>\theta \tag{5-2}$$

其中，i 表示省份；t 表示年份；y_{it} 表示被解释变量；x_{it} 表示解释变量；e_{it} 为残差项；q_{it} 为门限变量；θ 为门限值。θ 将观测样本分为两部分，分别是 $q_{it}\leqslant\theta$ 时的样本和 $q_{it}>\theta$ 时的样本。

设虚拟变量 $Z(\theta)=\{q_{it}\leqslant\theta\}$，其中 $Z(\cdot)$ 为示性函数，当 $q_{it}\leqslant\theta$ 时，$Z=1$；当 $q_{it}>\theta$ 时，$Z=0$。这样以上两个式子可以合并表示为：

$$y_{it}=\varphi_i+\alpha_1 x_{it}Z(q_{it}\leqslant\theta)+\alpha_2 x_{it}Z(q_{it}>\theta)+e_{it} \tag{5-3}$$

对上式进行最小二乘估计，对于任意给定的门限值 θ，可以得到其残差平方和为：

$$S_1(\theta) = \hat{e}(\theta)^T \hat{e}(\theta) \tag{5-4}$$

然后，通过最小化残差平方和 $S_1(\theta)$，来求得所对应的$\hat{\theta}$，即求得最小的残差平方和 $S_1(\theta)$ 对应的门限值$\hat{\theta}$。

$$\hat{\theta} = \arg\min S_1(\theta) \tag{5-5}$$

根据$\hat{\theta}$，就可以计算出斜率的估计值以及残差平方的估计值。斜率估计值的表达式为：

$$\hat{\alpha} = \hat{\alpha}(\hat{\theta}) \tag{5-6}$$

残差平方的估计值表达式为：

$$\hat{\sigma}^2 = \frac{\hat{e}(\theta)^T \hat{e}(\theta)}{T} = \frac{S_1(\theta)}{T} \tag{5-7}$$

随后，需要对得到的结果进行检验。首先，需要检验门限效应是否显著；其次，需要检验门限的估计值与真实值是否相等。

5.2.1.2　模型的检验

5.2.1.2.1　门限效应检验

门限效应检验的原假设为 $H_0 : \alpha_1 = \alpha_2$；所对应的备选假设为 $H_1 : \alpha_1 \neq \alpha_2$，即如果系数 $\alpha_1 = \alpha_2$，表示模型的门限效应不明显，模型退化成一个线性模型，此时模型可以表示为：

$$y_{it} = \varphi_i + \alpha_1 x_{it} + e_{it} \tag{5-8}$$

反之，如果拒绝原假设，即 $\alpha_1 \neq \alpha_2$，则表明模型的门限效应显著。构造的检验统计量为：

$$F=\frac{S_0-S_1(\theta)}{\hat{\sigma}^2} \tag{5-9}$$

其中，S_0 为原假设下（门限效应不显著的情况下）得到的残差平方和。由于结构突变点和干扰项的存在，检验统计量 F 的分布是非标准的（non-stardard distribution）。Hansen（1999）提出了“自主抽样法”（Bootstrap），很好地解决了这一难题。自主抽样法的基本思想是通过计算检验统计量的渐进分布，进而检验门限效应的显著性。自主抽样法的步骤如下：

步骤 1：对样本数据进行随机抽取。Hansen（1999）指出抽取数据应按照有放回可重复的规则进行，并且进行可重复抽样时，需以横截面数据为单位，以确保横截面数据在时间维度上的时序特征。若以年份为单位，就会出现有一些公司在某一年会被抽取多次，但是在其他年份中可能一次也未被抽到。

步骤 2：利用抽取的样本对原假设和备选假设下的模型进行估计。抽样所得的样本被称为经验样本，经验样本和原始样本之间会存在一定的差异。因此，需要使用经验样本对原假设和备选假设下的模型进行估计，分别得到 S_0 和 $S_1(\theta)$，进而得到 $\hat{\sigma}^2$ 的估计值和相应的 F 统计量。

步骤 3：重复步骤 1 和步骤 2 的做法 N 次，得到 N 个 F 统计量的值。

步骤 4：计算得到的 N 个 F 统计量的值中大于真实样本情况下所对应的 F 统计量的个数，记为 $N1$，则 P 值表示为 $N1$ 与 N 的比值。

5.2.1.2.2 检验门限的估计值与真实值是否相等

Hansen（1999）认为若存在门限效应，采用上述方法得到的门限估计值 $\hat{\theta}$ 应该与门限的真实值 θ 具有一致性。因此，构造的原假设为 $H_0:\hat{\theta}=\theta$。其中，$\hat{\theta}$ 为门限估计值，θ 为门限的真实值。相应的似然比统计量为：

$$LR_1(\theta)=\frac{S_1(\theta)-S_1(\hat{\theta})}{\hat{\sigma}^2} \tag{5-10}$$

其中，$S_1(\theta)$ 和 $S_1(\hat{\theta})$ 分别是在门限的真实值和估计值的条件下得到的残差平方和。可以通过 $LR_1(\theta)$ 的分布来构造门限估计值的有效渐进置信区间，但由于多余参数的影响，$LR_1(\theta)$ 分布的有效渐进置信区间也是非正态的。Hansen（2000）采用了一个简易的计算公式，可以计算出 $LR_1(\theta)$ 分布的非拒绝域，即当 $LR_1(\theta) \leqslant c(\beta)$ 时，不能拒绝原假设 $H_0:\hat{\theta}=\theta$，其中 $c(\beta)=-2\ln(1-\sqrt{1-\beta})$，$\beta$ 为显著性水平。

5.2.2　多门限回归模型

5.2.2.1　模型的形式

上述计算过程都是在单一门限模型下进行的。然而，在实际研究中，可能出现两个或两个以上的门限值。因此，在实证分析中，有必要重复上述步骤，找到第二个门限值。下文以双重门限模型为例对研究过程作简要说明，多重门限模型是基于双重门限模型的拓展。双重门限模型可以写成：

$$y_{it}=\varphi_i+\alpha_1 x_{it}Z(q_{it}\leqslant\theta_1)+\alpha_2 x_{it}Z(\theta_1<q_{it}\leqslant\theta_2)+\alpha_3 x_{it}Z(q_{it}>\theta_2)+e_{it} \quad (5\text{-}11)$$

其中，$\theta_1<\theta_2$。

对于上式来说，可能不存在门限值，也有可能存在一个或者两个门限值。因此，需要进行两次假设检验。第一个检验是验证是否存在门限效应，第二个检验是验证存在一个门限值还是两个门限值。第一个检验与单一门限检验相同，如果拒绝了原假设，即证明存在门限效应。下一步就需要验证存在一个门限值还是两个门限值，方法是先假定通过估计得到的门限值 $\hat{\theta}_1$ 为已知，再进行第二个门限值的估计。其估计方法和检验方式与单一门限回归模型相同，同样是通过最小化第二个门限值的残差平方和 $S_2(\theta_2)$，来求得所对应的 $\hat{\theta}_2^r$，即求得第二个门限值的残差平方和 $S_2(\theta_2)$ 对应的门限值 $\hat{\theta}_2^r$。最终得到：

$$S_2^T(\theta_2)=\begin{cases}S(\hat{\theta}_1,\theta_2),\hat{\theta}_1<\theta_2\\ S(\theta_2,\hat{\theta}_1),\hat{\theta}_1>\theta_2\end{cases} \quad (5\text{-}12)$$

$$\hat{\theta}_2^r=\arg\min S_2^T(\theta_2) \quad (5\text{-}13)$$

研究表明$\hat{\theta}_2^r$是渐进有效的（Bai，1997），但是$\hat{\theta}_1$并不具有该性质。因此，先确定$\hat{\theta}_2^r$，并对$\hat{\theta}_1$进行再次搜索，得到：

$$S_1^T(\theta_1)=\begin{cases}S(\theta_1,\hat{\theta}_2^r),\theta_1<\hat{\theta}_2^r\\S(\hat{\theta}_2^r,\theta_1),\theta_1>\hat{\theta}_2^r\end{cases} \tag{5-14}$$

$$\hat{\theta}_1^r=\arg\min S_1^T(\theta_1) \tag{5-15}$$

5.2.2.2　模型的检验

5.2.2.2.1　门限效应检验

在确定两个门限估计值后，需要对模型进行门限效应检验。原假设设定为H_0：只存在一个门限值；备选假设H_1：存在两个门限值。对应的检验统计量F为：

$$F=\frac{S_1(\hat{\theta}_1)-S_2^r(\hat{\theta}_2^r)}{\hat{\sigma}^2} \tag{5-16}$$

其中，$\sigma^2=\dfrac{S_2^r(\hat{\theta}_2^r)}{n(T-1)}$。在构造完检验统计量之后，根据上文所述门限检验的四个步骤，即可对多门限回归模型的门限效应进行检验。

5.2.2.2.2　检验门限的估计值与真实值是否相等

在门限效应的检验之后，还需要检验所得的门限值与真实值是否一致。构造原假设H_0：门限估计值$\hat{\theta}_1^r$和$\hat{\theta}_2^r$与门限实际值θ_1和θ_2相同。构造的似然比统计量表示为：

$$LR_1^r(\theta)=\frac{S_1^r(\theta)-S_1^r(\hat{\theta}_1^r)}{\hat{\sigma}^2} \tag{5-17}$$

$$LR_2^r(\theta)=\frac{S_2^r(\theta)-S_2^r(\hat{\theta}_2^r)}{\hat{\sigma}^2} \tag{5-18}$$

若拒绝原假设，则表明门限值的估计值与实际值是一致的。

5.3　产业集聚对中国旅游业全要素生产率影响的门限特征实证研究

5.3.1　模型的设立

本研究依据门限回归模型的一般形式，以产业集聚水平（区位商）作为门限变量，来考察产业集聚与旅游业全要素生产率增长之间的关系。由于并不知道门限的数量，本研究先建立单门限回归模型，如果门限个数大于一个，则在此模型上进行相应调整。本研究建立的门限回归模型的形式为：

$$\ln TFP = \theta_i + \alpha_1 \ln agg_{it} Z(\ln agg_{it} \leqslant \theta) + \alpha_2 \ln agg_{it} Z(\ln agg_{it} > \theta) + \sum_{j=1}^{n} \alpha_j \ln X_{it}^{j} + e_{it} \quad (5\text{-}19)$$

其中，i、t 分别表示省份和年份；$\ln TFP_{it}$ 表示各省各年全要素生产率增长率的对数值；$\ln agg_{it}$ 表示各省各年旅游产业区位商的对数值。θ 为待估算的门限值，$Z(\cdot)$ 为示性函数。j 表示控制变量种类，X 表示控制变量（本书选取星级酒店数量、旅行社数量、景区数量、旅游业固定资产规模、城市化水平作为控制变量）。

5.3.2　变量设计及数据来源

5.3.2.1　被解释变量

如模型所示，本研究分别将 2001—2019 年度我国各省旅游产业技术效率增长率、纯技术效率增长率、规模效率增长率作为模型的被解释变量。如前文所述，技术效率增长率、纯技术效率增长率和规模效率增长率都是按照Ray 和 Desli（1997）的指数分解法将全要素生产率增长率分解而得到的。

5.3.2.2 解释变量

本研究将 2001—2019 年度我国各省旅游产业的集聚程度作为解释变量。如第 3 章所述，各省各年旅游产业的集聚程度是通过区位商来衡量的。

5.3.2.3 控制变量

本研究选取的控制变量分别是：星级酒店数量、旅行社数量、景区数量、旅游业固定资产规模、城市化水平。控制变量的含义和数据来源同第 4 章，这里不再赘述。

5.3.3 实证结果分析

5.3.3.1 门限效应检验

门限效应检验是求解面板门限模型的关键步骤，目的是检验所设定的模型是线性的还是非线性的。若存在门限效应，则模型是非线性的；若不存在门限效应，则所设定的门限回归模型为线性的。在此基础上，通过门限效应检验，还能够确定门槛的数量。若只存在一个门槛值，则所设定的面板门限模型为单一门槛面板回归模型；若存在两个门槛值，则此模型为双门槛面板回归模型，以此类推。

本研究使用 Hansen（1999）提出了“自主抽样法”（Bootstrap）进行门限效应检验。本研究设定门限效应检验的原假设分别为不存在门限效应、存在一个门限、存在两个门限、存在三个门限。通过 GAUSS 软件对模型进行估计后，获得了检验统计量的 P 值，如表 5-1 所示。

表 5-1　产业集聚对旅游业全要素生产率增长影响的门限效应检验

模型	*F* 值	*P* 值	Bootstrap 次数	临界值		
				1%	5%	10%
单一门槛检验	42.010	0.000	500	26.6856	17.1322	13.1533
双重门槛检验	41.140	0.002	500	29.9063	17.9810	13.7009
三重门槛检验	13.260	0.158	500	51.1150	22.2926	15.7706

由表 5-1 可知，对于单一门槛检验，在原假设为不存在门限的条件下，得到的 *F* 统计量为 42.010，自主抽样法（Bootstrap）计算的 *P* 值为 0.000，表示在 1% 的显著水平下拒绝原假设，即该模型存在一个门限。再对该模型进行双重门限检验，发现 *F* 统计值 41.140，自主抽样法（Bootstrap）得到的 *P* 值为 0.002，表明原假设不成立，即该模型存在双重门限。随后，对模型进行三重门限检验，发现得到的 *P* 值为 0.158，未能通过检验，即该模型不存在三重门限。因此，通过门限检验，可知产业集聚对旅游业全要素生产率增长的影响存在双重门限效应。

5.3.3.2　门限值的确定

门限效应检验之后，需要对门槛值进行估计。Bai（1997）提出了求解门限值的序贯估计法。Hasen（1999）依据序贯估计法，构建了求解门限值的置信区间的方法。依照 Hasen 的方法，通过 GAUSS 软件，本研究得到双重门限值，分别为 1.8532 和 2.4778，在 95% 水平上显著的置信区间分别为［1.8236，2.0014］和［2.4735，2.4958］（见图 5-1、图 5-2）。似然比函数图显示了门限变量和似然比之间的关系。当似然比（Likelihood Ratio）为 0 的时候，门限变量的取值就是所求的门槛值。

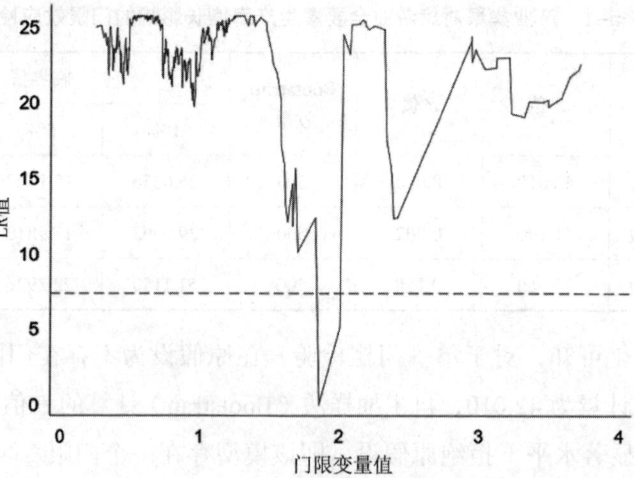

图 5-1 产业集聚对旅游业全要素生产率增长影响的第一个门槛的估计值和置信区间

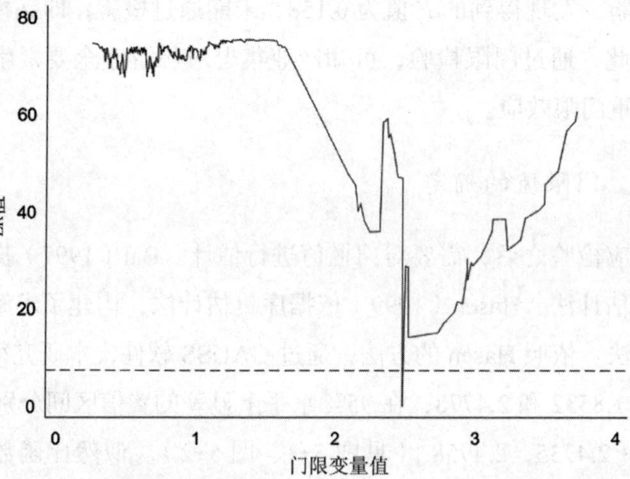

图 5-2 产业集聚对旅游业全要素生产率增长影响的第二个门槛的估计值和置信区间

5.3.3.3 门限回归分析

在进行了门限检验，并且确定了门限值以后，本研究对模型进行了回归分析。表 5-2 显示了回归分析的结果。可知，在产业集聚水平（*agg*）小于门限值 1.8532 时，产业集聚对旅游业全要素生产率的影响系数为 0.5543；当产业集聚水平（*agg*）跨过第一个门限值 1.8532 时，产业集聚对旅游业全要素生产率增长的影响系数就增加到 1.0778；当产业集聚水平（*agg*）跨过第二个门限值 2.4778 时，产业集聚对旅游业全要素生产率增长的影响系数就降低到 0.6935。因此，本研究得到以下结论，当产业集聚超过一定水平，即区位商超过 2.4778 时，产业集聚对旅游业全要素生产率增长的促进作用会有所下降。

表 5–2　产业集聚对旅游业全要素生产率增长影响的门限回归估计结果

变量	系数	标准误差	*T* 值	*P* 值
agg（$agg<1.8532$）	0.5543	0.0782	7.0900	0.0000
agg（$1.8532<agg<2.4778$）	1.0778	0.0757	14.2400	0.0000
agg（$agg>2.4778$）	0.6935	0.0531	13.0400	0.0000
lnhotel	0.0230	0.0555	0.4100	0.6790
lntravelagency	0.1085	0.0483	2.2400	0.0250
lnscienicspot	0.0058	0.0187	0.3100	0.7570
lnsize	−0.2996	0.0563	−5.3200	0.0000
urban	0.7529	0.2879	2.6100	0.0090

这一结论与理论上的预期相一致，根据胡佛的“最佳规模论”，随着产业集聚水平的提高，“集聚力”会越来越弱，“分散力”会越来越强，产业集聚对全要素生产率增长率的促进作用会越来越弱。就目前中国旅游业产业集聚的情况来看，2019 年，旅游产业的区位商超过第一个门槛值，只有海南、江西、上海、北京四个省份，其他省份的旅游业产业集聚水平都比较低，并且没有一个省份的产业集聚水平超过第二个门槛值。因此对于全国大多数省份来说，提高产业集聚的水平，仍然能够较大幅度地促进旅游业全要素生产率的增长。

5.4 产业集聚对中国旅游业技术进步影响的门限特征实证研究

由于全要素生产率可以分解为技术进步和技术效率，本研究进一步对产业集聚对旅游业技术进步影响的门限特征进行考察。

5.4.1 模型的设立

本研究依据门限回归模型的一般形式，以产业集聚水平（区位商）作为门限变量，来考察产业集聚与技术进步之间的关系。由于并不知道门限的数量，本研究先建立单门限回归模型，如果门限个数大于一个，则在此模型上进行相应调整。本研究建立的门限回归模型的形式为：

$$\ln TECHCH = \theta_i + \alpha_1 \ln agg_{it} Z(\ln agg_{it} \leqslant \theta) + \alpha_2 \ln agg_{it} Z(\ln agg_{it} > \theta) + \sum_{j=1}^{n} \alpha_j \ln X_{it}^{j} + e_{it} \quad (5-20)$$

其中，i，t 分别表示省份和年份；$\ln TECHCH_{it}$ 表示各省各年技术进步的对数值；$\ln agg_{it}$ 表示各省各年旅游产业区位商的对数值。θ 为待估算的门限值，$Z(\cdot)$ 为示性函数。j 表示控制变量种类，X 表示控制变量（本研究选取星级酒店数量、旅行社数量、景区景点数量、旅游业固定资产规模、城市化水平作为控制变量）。

5.4.2 变量设计及数据来源

5.4.2.1 被解释变量

如模型所示，本研究分别将 2001—2019 年我国各省旅游业技术进步作为模型的被解释变量。

5.4.2.2　解释变量

本书将 2001—2019 年我国各省旅游产业的集聚程度作为解释变量。如第 3 章所述，各省各年旅游产业的集聚程度是通过区位商来衡量的。

5.4.2.3　控制变量

本书选取的控制变量分别是：星级酒店数量、旅行社数量、景区数量、旅游业固定资产规模、城市化水平。控制变量的含义和数据来源同第 4 章，这里不再赘述。

5.4.3　实证结果分析

5.4.3.1　门限效应检验

与上一节相同，本研究使用 Hansen（1999）提出了“自主抽样法”（Bootstrap）进行门限效应检验。本研究设定门限效应检验的原假设分别为不存在门限效应、存在一个门限、存在两个门限、存在三个门限。通过 GAUSS 软件对模型进行估计后，获得了检验统计量的 P 值，如表 5-3 所示。

表 5-3　产业集聚对旅游业技术进步影响的门限效应检验

模型	F 值	P 值	Bootstrap 次数	临界值		
				1%	5%	10%
单一门槛检验	8.6300	0.0960	500	12.4711	10.0486	8.8609
双重门槛检验	6.4400	0.3460	500	11.4412	9.5235	8.5768
三重门槛检验	6.1000	0.7260	500	38.5434	33.7658	29.2069

由表 5-3 可知，对于单一门槛检验，在原假设为不存在门限的条件下，

得到的 F 统计量为 8.6300，自主抽样法（Bootstrap）计算的 P 值为 0.0960，表示需拒绝原假设，即该模型存在单一门限。再对该模型进行双重门限检验，发现 F 统计值为 6.4400，自主抽样法（Bootstrap）得到的 P 值为 03460，表明不能拒绝原假设，故接受原假设，即该模型不存在双重门限。随后，对模型进行三重门限检验，发现得到的 P 值为 0.7260，也未能通过检验，即该模型不存在三重门限。因此，通过门限检验，可知产业集聚对旅游业技术进步的影响存在单一门限效应（见图 5-3）。

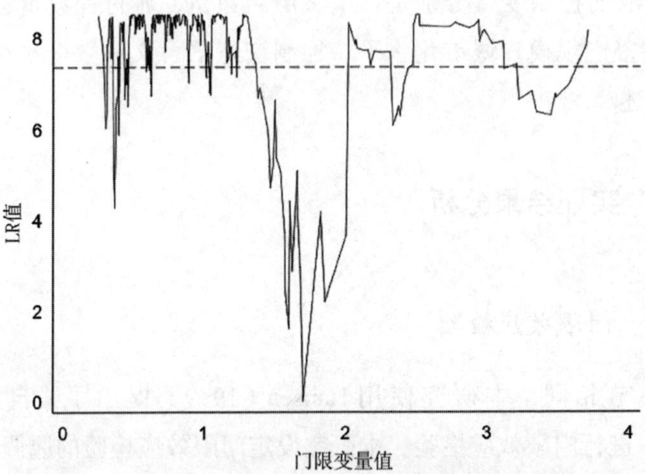

图 5-3　产业集聚对旅游业技术进步影响的门限效应检验

5.4.3.2　门限回归分析

在确定了门限值以后，本研究对模型进行了回归分析。表 5-4 显示了回归分析的结果。可知，在产业集聚水平（*agg*）小于门限值 1.6993 时，产业集聚对旅游业技术进步的影响系数为 -0.1149，但影响并不显著；当产业集聚水平（*agg*）跨过门限值 1.6993 时，产业集聚对旅游业技术进步有显著的正向影响，影响系数为 0.0838。因此，本研究得出以下结论，当产业集聚超过一定水平时，即区位商超过 1.6993 时，产业集聚对旅游业技术进步有显著的正向影响。

就目前中国旅游业产业集聚的情况来看，2019 年，旅游产业的区位商达到门槛值的只有四川、海南、江西、上海、北京这五个省份，其余省份的旅游业产业集聚水平都没有达到门槛值。因此，对于全国大多数省份来说，应提升其旅游业产业集聚水平，这样才能发挥产业集聚对其旅游业技术进步的正向提升作用。

表 5–4　产业集聚对技术进步影响的门限回归估计结果

变量	系数	标准误差	*T* 值	*P* 值
agg（*agg*<1.6993）	−0.1149	0.0748	−1.5400	0.1250
agg（*agg*>1.6993）	0.0838	0.0486	1.7200	0.0850
ln*hotel*	0.0355	0.0528	0.6700	0.5010
ln*travelagency*	−0.0073	0.0459	−0.1600	0.8730
ln*scienicspot*	0.0618	0.0175	3.5300	0.0000
ln*size*	−0.0051	0.0538	−0.1000	0.9240
urban	0.2319	0.2757	0.8400	0.4000

5.5　产业集聚对中国旅游业技术效率影响的门限特征实证研究

由于全要素生产率可以分解为技术进步和技术效率，本书进一步对产业集聚对旅游业技术效率影响的门限特征进行考察。

5.5.1　模型的设立

本书依据门限回归模型的一般形式，以产业集聚水平（区位商）作为门限变量，来考察产业集聚与技术效率之间的关系。由于并不知道门限的数量，本书先建立单门限回归模型，如果门限个数大于一个，则在此模型上进行相应调整。本书建立的门限回归模型的形式为：

$$\ln EFFCH = \theta_i + \alpha_1 \ln agg_{it} Z(\ln agg_{it} \leqslant \theta) + \alpha_2 \ln agg_{it} Z(\ln agg_{it} > \theta) + \sum_{j=1}^{n} \alpha_j \ln X_{it}^j + e_{it} \quad (5\text{-}21)$$

其中，i，t 分别表示省份和年份；$\ln EFFCH$ 表示各省各年技术效率的对数值；$\ln agg_{it}$ 表示各省各年旅游产业区位商的对数值。θ 为待估算的门限值，$Z(\cdot)$ 为示性函数。j 表示控制变量种类，X 表示控制变量（本研究选取星级酒店数量、旅行社数量、景区景点数量、旅游业固定资产规模、城市化水平作为控制变量）。

5.5.2 变量设计及数据来源

5.5.2.1 被解释变量

如模型所示，本书分别将 2001—2019 年我国各省旅游产业技术效率作为模型的被解释变量。

5.5.2.2 解释变量

本书将 2001—2019 年我国各省旅游产业的集聚程度作为解释变量。如第 3 章所述，各省各年旅游产业的集聚程度是通过区位商来衡量的。

5.5.2.3 控制变量

本书选取的控制变量分别是：星级酒店数量、旅行社数量、景区数量、旅游业固定资产规模、城市化水平。控制变量的含义和数据来源同第 4 章，这里不再赘述。

5.5.3 实证结果分析

5.5.3.1 门限效应检验

与上一节相同，本节使用 Hansen（1999）提出了“自主抽样法”（Bootstrap）进行门限效应检验。本研究设定门限效应检验的原假设分别为不存在门限效应、存在一个门限、存在两个门限、存在三个门限。通过 GAUSS 软件对模型进行估计后，获得了检验统计量的 P 值，如表 5–5 所示。

表 5–5　产业集聚对旅游业技术效率影响的门限效应检验

模型	F 值	P 值	Bootstrap 次数	临界值		
				1%	5%	10%
单一门槛检验	15.860	0.000	500	12.6477	10.1037	8.4556
双重门槛检验	11.260	0.054	500	13.7659	11.4000	9.5080
三重门槛检验	8.660	0.472	500	23.5539	18.6804	17.1812

由表 5–5 可知，对于单一门槛检验，在原假设为不存在门限的条件下，得到的 F 统计量为 15.860，自主抽样法（Bootstrap）计算的 P 值为 0.000，表示在 1% 的显著水平下拒绝原假设，即该模型存在一个门限。再对该模型进行双重门限检验，发现 F 统计值为 11.260，自主抽样法（Bootstrap）得到的 P 值为 0.054，表明原假设不成立，即该模型存在双重门限。随后，对模型进行三重门限检验，发现得到的 P 值为 0.472，未能通过检验，即该模型不存在三重门限。因此，通过门限检验，可知产业集聚对旅游业全要素生产率增长的影响存在双重门限效应。

5.5.3.2 门限值的确定

门限效应检验之后，需要对门槛值进行估计。Chong（1994）、Bai（1997）

等提出了求解门限值的序贯估计法。Hasen（1999）依据序贯估计法，构建了求解门限值的置信区间的方法。依照 Hasen 的方法，通过 GAUSS 软件，本研究得到双重门限的门限值分别为 0.4690 和 2.3136（见图 5-4 和图 5-5）。

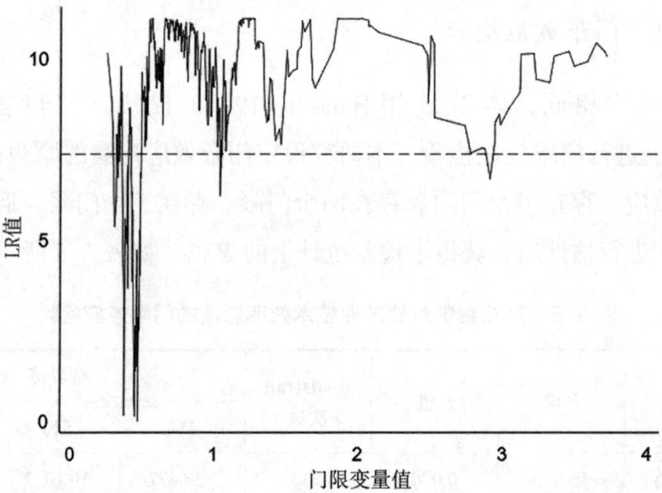

图 5-4　产业集聚对旅游业技术效率影响的第一个门槛的估计值和置信区间

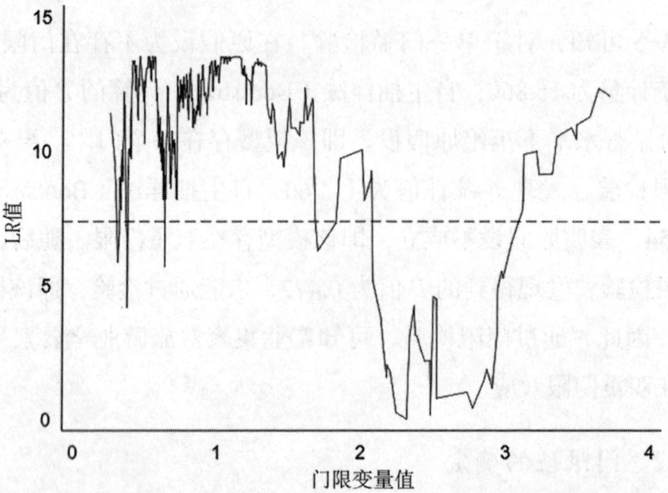

图 5-5　产业集聚对旅游业技术效率影响的第二个门槛的估计值和置信区间

5.5.3.3　门限回归分析

在进行了门限检验，并且确定了门限值以后，本研究对模型进行了回归分析。表 5-6 显示了回归分析的结果。可知，在产业集聚水平（*agg*）小于第一个门限值 0.4690 时，产业集聚对旅游业技术效率的影响系数为 -0.0678，但并不显著；当产业集聚水平（*agg*）跨过第一个门槛，介于第一个门槛值和第二个门槛值之间时，产业集聚对旅游业技术效率有显著的影响，且影响系数为 0.5116；当产业集聚水平跨过第二个门槛，即区位商超过 2.3136 时，产业集聚对旅游业技术效率的影响系数降低到 0.3503。因此，本研究得出以下结论，当产业集聚超过一定水平时，即区位商超过 0.4690 时，产业集聚会对旅游业技术效率产生显著的正向影响。当区位商超过 2.3136 时，产业集聚对旅游业技术效率的正向促进作用会有所下降。

表 5-6　产业集聚对技术效率影响的门限回归估计结果

变量	系数	标准误差	*T* 值	*P* 值
agg（*agg*<0.4690）	-0.0678	0.1967	-0.3400	0.7300
agg（0.4690<*agg*<2.3136）	0.5116	0.0688	7.4300	0.0000
agg（*agg*>2.3136）	0.3503	0.0501	6.9900	0.0000
ln*hotel*	-0.0663	0.0555	-1.1900	0.2330
ln*travelagency*	0.1644	0.0486	3.3800	0.0010
ln*scienicspot*	-0.0091	0.0186	-0.4900	0.6250
ln*size*	-0.3497	0.0563	-6.2100	0.0000
urban	0.5909	0.2884	2.0500	0.0410

就目前中国旅游业产业集聚的情况来看，2019 年，旅游产业的区位商没有跨过第一个门槛值的有河南、内蒙古、河北、宁夏四个省份，针对这四个省份，应提升其旅游业产业集聚水平，这样才能发挥产业集聚对其旅游业技术效率的正向提升作用。如表 5-7 所示，大部分省份的旅游业产业集聚水平

处在第一个门槛值和第二个门槛值之间，只有江西、北京、上海三个省份的旅游业产业集聚水平跨过了第二个门槛。因此，对于全国大多数省份来说，提高产业集聚的水平，仍然能够较大幅度地促进旅游业技术效率的提升。

表 5-7　按产业集聚水平的门槛值划分的省份分布（2019 年）

门槛变量	*agg*（*agg*<0.4690）	*agg*（0.4690<*agg*<2.3136）	*agg*（*agg*>2.3136）
agg	河南、内蒙古、河北、宁夏	吉林、辽宁、福建、湖北、山东、广西、江苏、云南、黑龙江、安徽、天津、青海、陕西、广东、山西、甘肃、湖南、重庆、新疆、贵州、浙江、四川、海南	江西、北京、上海

5.6　本章小结

本章首先对产业集聚对旅游业全要素生产率增长的门限效应进行了检验。在确定了门限值之后，使用面板门限模型，对产业集聚对旅游业全要素生产率增长的门限特征进行了考察。结果发现：

第一，通过门限效应检验，可知产业集聚对旅游业全要素生产率增长的影响存在非线性的特征，产业集聚对旅游业全要素生产率增长的影响存在双重门限效应。在产业集聚水平（*agg*）小于门限值 1.8532 时，产业集聚对旅游业全要素生产率的影响系数为 0.5543；当产业集聚水平（*agg*）跨过第一个门限值 1.8532 时，产业集聚对旅游业全要素生产率增长的影响系数就增加到 1.0778；当产业集聚水平（*agg*）跨过第二个门限值 2.4778 时，产业集聚对旅游业全要素生产率增长的影响系数就降低到 0.6935。这一结论与理论上的预期相一致，根据胡佛的“最佳规模论”，随着产业集聚水平的提高，“集聚力”会越来越弱，“分散力”会越来越强，产业集聚对全要素生产率增长率的促进作用会越来越弱。

第二，产业集聚对旅游业技术进步的影响存在单一门槛效应，即在产业集聚水平（*agg*）小于门限值 1.6993 时，产业集聚对旅游业技术进步的影响系

数为 -0.1149，但影响并不显著；当产业集聚水平（*agg*）跨过门限值 1.6993 时，产业集聚对旅游业技术进步有显著的正向影响，影响系数为 0.0838。因此，本研究得出以下结论，当产业集聚超过一定水平，即区位商超过 1.6993 时，产业集聚对旅游业技术进步有显著的正向影响。就目前中国旅游业产业集聚的情况来看，2019 年，旅游产业的区位商达到门槛值的只有四川、海南、江西、上海、北京五个省份，其余省份的旅游业产业集聚水平都没有达到门槛值。因此，对于全国大多数省份来说，应提升其旅游业产业集聚水平，这样才能发挥产业集聚对其旅游业技术进步的正向提升作用。

第三，产业集聚对旅游业技术效率的影响存在双重门槛效应。在产业集聚水平（*agg*）小于第一个门限值 0.4690 时，产业集聚对旅游业技术效率的影响系数为 -0.0678，但并不显著；当产业集聚水平（*agg*）跨过第一个门槛，介于第一个门槛值和第二个门槛值之间时，产业集聚对旅游业技术效率有显著的影响，且影响系数为 0.5116；当产业集聚水平跨过第二个门槛，即区位商超过 2.3136 时，产业集聚对旅游业技术效率的影响系数就降低到 0.3503。因此，本研究得到以下结论，当产业集聚超过一定水平时，即区位商超过 0.4690 时，产业集聚会对旅游业技术效率产生显著的正向影响。当区位商超过 2.3136 时，产业集聚对旅游业技术效率的正向促进作用会有所下降。

第6章
产业集聚对中国旅游业全要素生产率影响的空间溢出效应

6.1 引言

上一章考察了产业集聚对旅游业全要素生产率增长影响的门限效应，得到的结论是：当产业集聚超过某一水平时，其对全要素生产率增长的促进作用会有所下降。在这一章中，将空间因素纳入模型，对各省旅游业产业集聚影响全要素生产率增长的机制做进一步的深入研究，探讨产业集聚对旅游业全要素生产率增长影响的空间溢出效应。

在以往对于中国旅游产业研究的文献中，大多数研究把各个省份看作相互独立的个体，忽视了各省之间在地理空间上的依赖性和相关性。随着区域一体化的发展，在旅游业的发展过程中，省份之间的相互影响、相互联系日益加强。因此，将空间和地理因素纳入研究范围是十分重要的。早在1776年，亚当·斯密在《国富论》中就强调了经济发展的过程中地理和空间因素的重要性。他指出劳动分工受到市场范围的限制，而临海地带由于具有从事海洋贸易的便利，比内陆地区享有更广阔的市场范围。亚当·斯密在《国富论》中强调了一个地区天然的交通条件，即“第一性的地理”（first-nature geography）对经济发展的影响。传统的经济地理学文献也对第一性的地理对经济发展的重要性进行了大量理论和实证的研究。第一性的地理包括一个地区的地理环境（比如通往海洋的便利性、海拔高度和气候等）和自然资源禀赋等。但是，第一性的地理基本是不可改变的，并且随着技术的进步，它在现实经济中发挥的作用越来越有限。20 世纪 90 年代，由保罗·克鲁格曼创立的新经济地理学（New Economic Geography，NEG or geographical economics）为这一问题的解决提供了一个崭新的视角，提出"第二性的地理"（second-nature geography）。第二性的地理是指经济主体间相互作用而产生的空间定位。新经济地理学在迪克希特—斯蒂格利茨（Dixit-Stiglitz）垄断竞争模型的基础上，以收益递增和不完全竞争为前提，结合区位理论中的运输成本，构建了中心—外围模型（Core-Periphery，CP），把被主流经济学长期忽视的空间因素纳入一般均衡理论的分析框架中，阐释经济活动的空间分布规律，解释空间集聚现象的原因与形成机制，及其对某一国家或地区的经济发展的影响。

新经济地理学为将空间因素纳入主流经济学的研究范围之内提供了坚实的理论基础。与此同时，20 世纪 90 年代以来，空间计量分析技术发展迅速，尤其是空间面板数据模型的发展，为学者们从空间相关性的角度对经济问题进行实证分析提供了有力的支持。因此，在许多文献中，学者们摒弃了经济体之间相互独立的假定，将空间因素纳入模型之中，研究经济变量相互影响的过程中的空间溢出（Spatial Spillovers）效应。Anselin（1988）较早在经济分析中引入区域之间经济活动的交互作用，指出某个空间单元上的某种经济现象或某一属性值与邻近空间单元上的同一现象或属性值往往是相关的。Allers 和 Elhorst（2005）运用空间滞后和误差模型对荷兰各城市设置财产税税率的空间溢出效应进行了研究。国内也有一些学者使用空间计量方法对某些经济问题进行了研究，如刘秉镰、武鹏、刘玉海（2010）使用空间面板计量方法考察了中国的交通基础设施与全要素生产率增长之间的关系。结果表明：交通基础设施对中国全要素生产率的提高具有明显的空间外溢效应。舒辉、周熙登、林晓伟（2014）使用空间面板计量方法对中国物流产业集聚与全要素生产率增长之间的关系进行了分析。结果表明，物流产业集聚能够通过空间溢出效应促进周边地区全要素生产率的增长。

由于旅游业的生产行为和消费行为都存在明显的空间相关性，因此在针对中国旅游业的研究中，有许多学者使用了空间面板模型。王良健、袁凤英、何琼峰（2010）使用空间计量模型，研究了中国旅游业发展与经济增长之间的关系。得到的结论是：各省级行政区的经济增长受到本区域旅游业发展水平、邻近区域的旅游业发展水平和经济增长的共同影响。陈锦龙等（2011）采用1999—2007年的省际数据，使用空间面板模型对国内旅游和入境旅游的影响因素进行了分析，结果表明：国内旅游和入境旅游具有明显的地域相关性，即相邻地区国内旅游收入和入境旅游收入水平高，本地区的国内旅游收入和入境旅游收入也高。吴玉鸣（2014）使用2001—2009年31个省份的面板数据，构建了旅游经济增长的空间面板计量模型，检验了旅游经济增长过程中的空间溢出效应。结果发现：我国省域之间旅游经济增长存在着明显的空间相关性，邻近省份旅游资本投入和旅游经济增长的空间溢出效应显著，即一个省份的旅游资本投入和旅游产出增长，会有效地促进周围省份旅游产出的增长。

本章将空间因素纳入模型，探讨产业集聚对旅游业全要素生产率增长影响的空间溢出效应。在分析的过程中，首先使用空间邻接矩阵和空间自相关系数检验中国省域旅游产业集聚与旅游业全要素生产率增长率是否具有显著的空间自相关性。继而建立空间面板回归模型对模型的残差进行进一步的检验，考察残差是否具有显著的空间自相关性，并对自相关的程度和模式进行讨论。

6.2 空间自相关检验

空间计量经济学理论认为一个区域反映某种经济地理现象的属性值与相邻区域的同一现象的属性值存在相关性。空间计量方法就是通过一个空间权重矩阵 W 对经典的线性回归模型进行修正，将空间因素纳入模型中。在设定空间计量模型之前，需要对空间自相关性进行检验。常见的检验空间自相关性的方法有Moran's Ⅰ（Moran，1948）、Walds（Anselin，1988）、LMerr（Burridge，1980）等。本研究使用Moran's Ⅰ指数来检验不同省域的属性值之间是否存在空间自相关性，其计算公式如下：

$$Moran's\ I = \frac{N}{\Sigma_i \Sigma_j \omega_{ij}} \frac{\Sigma_i \Sigma_j \omega_{ij}(X_i - \bar{X})(X_j - \bar{X})}{\Sigma_i (X_i - \bar{X})^2} \quad (6\text{-}1)$$

其中，$\bar{X} = \frac{1}{n}\sum_{i=1}^{n} X_i$，$X_i$ 代表第 i 个地区的观察值，n 为地区总数，ω_{ij} 为 N 阶方块的空间权重矩阵。Moran's Ⅰ指数的取值范围是［-1，1］。当 Moran's Ⅰ >0 时，表明不同区域的经济属性存在空间正相关，且取值越趋近于 1，正相关的程度越强；当 Moran's Ⅰ <0 时，表明不同区域的经济属性存在空间负相关，且取值越趋近于 -1，负相关的程度越大；当 Moran's Ⅰ =0 时，表明各区域之间的经济属性不相关。在计算 Moran's Ⅰ指数的过程中，需要选取适宜的空间权重矩阵 ω_{ij}。目前对于空间权重矩阵的选取，最常见的有 3 种方法：

第一，0~1 空间权重矩阵。依据空间是否相邻来设定，该权重矩阵的定义如下：

$$\omega_{ij} = \begin{cases} 1 & \text{区域 } i \text{ 和区域 } j \text{ 相邻} \\ 0 & i{=}j \text{ 或区域 } i \text{ 和区域 } j \text{ 不相邻} \end{cases} \quad (6\text{-}2)$$

第二，地理距离空间权重矩阵。根据两个地区之间的地理距离的倒数来设定。两个地区之间的地理距离越近，则权重越大；两个地区的地理距离越远，则权重越小。权重矩阵的定义如下：

$$\omega_{ij} = \begin{cases} \frac{1}{d_{ij}} & i \neq j \\ 0 & i = j \end{cases} \quad (6\text{-}3)$$

其中，距离是指两个省的省会城市之间的距离，计算中采用两省省会城市铁路距离和公路距离的算数平均值。

第三，经济距离空间权重矩阵。根据两省人均收入水平的差距的倒数来设定。两个地区收入水平的差距越小，则经济发展水平越接近，赋予的权数越大。反之，两个省地区收入水平差距越大，经济发展水平相差越远，赋予的权数越小。权重矩阵的定义如下：

$$\omega_{ij}=\begin{cases}\dfrac{1}{\left|\overline{I}_i-\overline{I}_j\right|} & i\neq j\\ 0 & i=j\end{cases} \tag{6-4}$$

其中，$\overline{I}_i=\dfrac{1}{I-I_0}\sum_{t=T_0}^{T}I_{it}$。

在上述三种方法中，本研究采用最普遍使用的 0~1 权重矩阵作为空间权重矩阵，进行空间自相关检验。表 6-1 显示了中国各省的地理相邻信息，需要说明的是，海南省虽然在地理上与任何其他省份都不接壤，但考虑到海南与广东和广西仅相隔一个琼州海峡，经济往来密切，因此将广东和广西视为海南省的相邻省。

一般使用标准化统计量 $Z(I)$ 来检验 Moran's Ⅰ指数的显著性，$Z(I)$ 表示为：

$$Z(I)=\frac{1-E(I)}{Var(I)} \tag{6-5}$$

其中，$E(I)$ 是 Moran's Ⅰ的期望值；Var（I）是 Moran's Ⅰ的标准差。$Z(I)$ 的取值范围为 -1.96< $Z(I)$ <1.96 时，表明空间自相关在 5% 的水平上显著。表 6-2 显示了 2019 年度我国旅游产业集聚与旅游业全要素生产率增长率的 Moran's Ⅰ指数。

表 6-1　中国各省份的地理相邻省份列表

区域	考察省份	相邻省份
东部	北京	天津、河北
	天津	北京、河北
	河北	北京、天津、山西、内蒙古、辽宁、山东、河南
	辽宁	河北、内蒙古、吉林

续表

区域	考察省份	相邻省份
东部	山东	河北、江苏、安徽、河南
	江苏	上海、浙江、安徽、山东
	浙江	上海、江苏、安徽、福建、江西
	上海	江苏、浙江
	福建	浙江、江西、广东
	广东	福建、江西、湖南、广西、海南
	海南	广东、广西
中部	山西	河北、内蒙古、河南、陕西
	吉林	内蒙古、辽宁、黑龙江
	黑龙江	内蒙古、吉林
	河南	河北、山西、安徽、山东、湖北、陕西
	江西	浙江、安徽、福建、湖北、湖南、广东
	安徽	江苏、浙江、江西、山东、河南、湖北
	湖北	安徽、江西、河南、湖南、重庆、陕西
	湖南	江西、湖北、广东、广西、重庆、贵州
西部	陕西	山西、内蒙古、河南、湖北、四川、重庆、甘肃、宁夏
	甘肃	内蒙古、四川、陕西、青海、宁夏、新疆
	青海	四川、甘肃、新疆
	宁夏	内蒙古、陕西、甘肃
	新疆	甘肃、青海
	内蒙古	河北、山西、辽宁、吉林、黑龙江、陕西、甘肃、宁夏
	重庆	湖北、湖南、陕西、云南、贵州、四川
	四川	湖北、湖南、贵州、云南、陕西、甘肃、青海、重庆
	贵州	湖南、广西、四川、云南、重庆
	云南	广西、四川、贵州
	广西	湖南、广东、海南、贵州、云南

表 6-2 2019 年旅游业全要素生产率增长率的 Moran's Ⅰ指数

年度	Moran's Ⅰ	Z统计量	P值
2019	0.165	1.762	0.078*

注：***，**，* 分别代表在 1%、5%、10% 的显著性水平。

由表 6-2 可知，全要素生产率增长率的 Moran's Ⅰ指数在 10% 的水平下显著，且为正数，说明旅游业全要素生产率增长率在各省份之间存在显著的空间正相关性，即在其他条件不变的情况下，邻近省份旅游业全要素生产率增长率提高，对本省旅游业全要素生产率增长率的提高起到显著的促进作用。

同时，可以通过 Moran's Ⅰ散点图来表示旅游业全要素生产率的空间分布特征。从图 6-1 可知，处于第一象限（高—高）和第三象限（低—低）的省份居多，即旅游业全要素生产率水平较高的省份，其相邻省份的旅游业全要素生产率水平也较高（第一象限）；旅游业全要素生产率水平较低的省份，其相邻省份的旅游业全要素生产率水平也较低（第三象限）。通过以上分析可知，旅游业全要素生产率的分布存在较为明显的空间相关性，因此，为了更为全面客观地分析产业集聚对旅游业全要素生产率的影响，空间因素是不容忽视的。

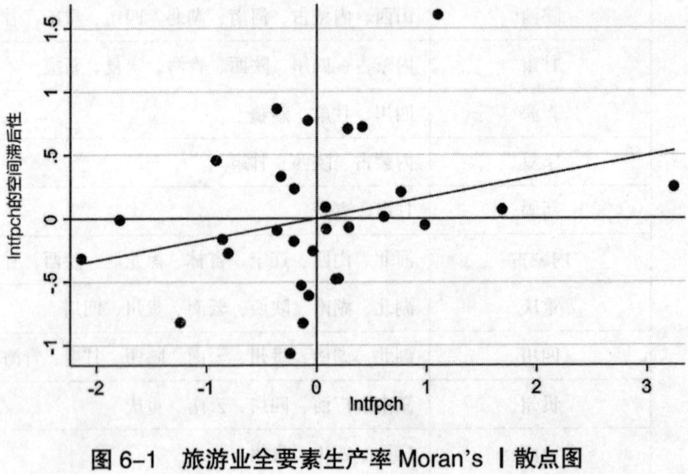

图 6-1 旅游业全要素生产率 Moran's Ⅰ散点图

6.3　空间面板回归模型

6.3.1　模型的设定

通过 6.2 节的分析可知，不同省份的旅游业全要素生产率之间存在空间自相关性。一般来说，造成空间自相关的原因有两个：第一，不同省份经济变量样本数据的采集可能存在空间上的测量误差；第二，相邻省份之间经济联系显著。空间计量方法共有三种模型，分别是：空间滞后模型（Spatial Lag Mode，SLM）、空间误差模型（Spatial Error Mode，SEM）和空间杜宾模型（Spatial Durbin Mode，SDM）。

6.3.1.1　空间滞后模型（SLM）

若被解释变量之间的空间自相关是由被解释变量的相邻区域的经济变量相关性造成的，则可以使用空间滞后模型来计量旅游产业集聚对旅游业全要素生产率增长的影响程度。具体模型可设定为：

$$\ln TFP_{it} = \beta_0 + \varphi_1 \ln TFP_{it-1} + \beta_1 \ln agg_{it} + \sum_{j=1}^{n} \beta_j \ln X_{it}^{j} + \rho \sum_{j=1}^{n} \omega_{ij} \ln TFP_{it} + \mu_i + \nu_{it} \quad (6\text{-}6)$$

其中，$\rho \sum_{j=1}^{n} \omega_{ij} \ln TFP_{it}$为空间滞后变量；$\omega_{ij}$ 为空间权重矩阵；ρ 为空间自相关系数，它的估算值反映了空间相关性的方向和大小。

6.3.1.2　空间误差模型（SEM）

若被解释变量之间的空间自相关是由在空间上相邻省份的经济数据的测量误差造成的，则可以使用空间误差模型来计量旅游产业集聚对旅游业全要素生产率增长的影响程度。具体模型可设定为：

$$\ln TFP_{it} = \beta_0 + \varphi_1 \ln TFP_{it-1} + \beta_1 \ln agg_{it} + \sum_{j=1}^{n} \beta_j \ln X_{it}^{j} + \rho \sum_{j=1}^{n} \ln \omega_{ij} \varepsilon_{it} + \mu_i + \nu_{it} \quad (6\text{-}7)$$

其中，$\sum_{j=1}^{n} \ln \omega_{ij} \varepsilon_{it}$为空间滞后误差项，$\rho$ 为空间误差自相关系数，表示回归残差之间的空间自相关强度。

6.3.1.3 空间杜宾模型（SDM）

若被解释变量之间的空间自相关是由解释变量和被解释变量的相邻区域的经济变量相关性造成的，则可以使用空间杜宾模型来计量旅游产业集聚对旅游业全要素生产率增长的影响程度。具体模型可设定为：

$$\begin{aligned} \ln TFP_{it} = \beta_0 + \varphi_1 \ln TFP_{it-1} + \beta_1 \ln agg_{it} + \sum_{j=1}^{n} \beta_j \ln X_{it}^{j} + \sum_{j=1}^{n} \gamma \omega_{ij} \ln agg_{it} \\ + \sum_{j=1}^{n} \theta \omega_{ij} \ln X_{it}^{j} + \varepsilon \sum_{j=1}^{n} \omega_{ij} \ln TFP_{it} + \mu_i + \nu_{it} \end{aligned} \quad (6\text{-}8)$$

其中，$\sum_{j=1}^{n} \gamma \omega_{ij} \ln agg_{it}$ 和 $\sum_{j=1}^{n} \theta \omega_{ij} \ln X_{it}^{j}$ 分别为产业集聚和控制变量（星级酒店数量、旅行社数量、景区数量、旅游业固定资产规模、城市化水平）的空间变量，$\varepsilon \sum_{j=1}^{n} \omega_{ij} \ln TFP_{it}$ 为被解释变量的空间滞后变量。

6.3.2 变量设计及数据来源

6.3.2.1 被解释变量

本书以 2001—2019 年我国各省旅游业全要素生产率增长率作为模型的被解释变量。

6.3.2.2　解释变量

本书将 2001—2019 年我国各省旅游产业的集聚程度作为解释变量。本研究使用各省各年旅游产业的区位商来衡量各省旅游产业的集聚程度。

6.3.2.3　控制变量

本书选取的控制变量分别是：星级酒店数量、旅行社数量、景区数量、旅游业固定资产规模、城市化水平。

6.3.3　计量结果分析

6.3.3.1　基本估计结果

由于空间面板模型是在传统面板模型的基础上演化出来的，所以空间面板模型在结构上与传统面板模型具有相同之处。在估计空间面板模型时需要确定是选择固定效应模型，还是选择随机效应模型。在固定效应模型中，又分为地点固定效应模型、时间固定效应模型和双固定效应模型（见表 6-3）。本研究首先使用混合估计、固定效应和随机效应方法对模型的基本形式进行估计，以确定模型中是否包含固定效应，并确定固定效应的类型。

表 6-3　对基本模型采用不同估计方法的结果

变量	混合估计	地点固定	时间固定	地点时间双固定	随机效应
ln*agg*	0.209*** （8.82）	0.487*** （6.05）	0.227*** （5.92）	0.519*** （6.99）	0.221*** （3.91）
ln*hotel*	0.016 （0.52）	0.021 （0.29）	0.006 （0.16）	−0.039 （−0.79）	0.010 （0.31）
ln*travagency*	0.158*** （5.93）	0.093*** （2.88）	0.182*** （4.40）	0.057 （0.96）	0.174*** （4.55）

续表

变量	混合估计	地点固定	时间固定	地点时间双固定	随机效应
ln*scenic*	0.039*** （3.30）	−0.002 （−0.14）	0.047** （2.16）	−0.023 （−1.04）	0.044* （1.76）
ln*size*	−0.205*** （−7.07）	−0.294*** （−6.13）	−0.229*** （−5.51）	−0.379*** （−7.11）	−0.222*** （−4.15）
ln*urban*	0.063 （1.24）	0.396*** （3.52）	0.040 （0.79）	0.327** （1.96）	0.047 （1.09）
_cons	1.772*** （6.46）	3.474*** （4.94）	1.906*** （5.19）	5.221*** （6.21）	1.910*** （4.09）
N	570	570	570	570	570
对数似然比	0.121	0.245	0.085	0.310	
Adj.R^2	0.1412	0.2431	0.2342	0.3574	
Hausman 检验					52.43***
固定效应检验	–	3.24***	1.99**	4.03***	–

注：表中圆括号中为 *Z* 统计量；***、**、* 分别代表在 1%、5%、10% 的显著性水平。

通过 Hausman 检验可知，该模型固定效应显著；通过对数似然比和固定效应检验，可知地点时间双固定的固定效应模型是最优的模型。因此，本研究以下的分析都是基于地点时间双固定模型进行的。

6.3.3.2 基于空间动态面板估计的结果分析

本研究采用极大似然估计方法，并使用 MATLAB 软件进行空间计量分析。由以上分析可知，地点时间双固定模型是最优的。所以，对于模型，本研究均使用地点时间双固定模型。通过比较对数似然值及拟合优度系数，可知 SDM 模型优于 SLM 和 SEM 模型。为了确定模型不是随机效应模型，本研究重新估计了 SDM 随机效应模型，并做了 Hausman 检验，结果随机效应被拒绝。因此，本研究选定个体时间双固定的 SDM 模型作为分析模型（见表 6-4）。

表 6–4　产业集聚对旅游业全要素生产率增长影响的空间动态面板估计结果

	SDM 双固定	SLM 双固定	SEM 双固定	SDM 随机效应模型
主要变量				
ln*agg*	0.533*** （13.12）	0.519*** （12.80）	0.519*** （12.72）	0.221*** （8.85）
ln*hotel*	−0.052 （−1.12）	−0.039 （−0.86）	−0.039 （−0.88）	−0.004 （−0.02）
ln*travagency*	0.056 （0.92）	0.057 （1.02）	0.057 （1.03）	0.193*** （4.62）
ln*scenic*	−0.021 （−0.98）	−0.023 （−1.11）	−0.023 （−1.12）	0.047*** （2.78）
ln*size*	−0.404*** （−9.71）	−0.378*** （−9.30）	−0.378*** （−9.29）	−0.222*** （−7.26）
ln*urban*	0.302** （2.25）	0.328 （2.56）	0.327*** （2.53）	0.044 （0.75）
_cons				1.948** （3.63）
空间变量				
ln*agg*	0.167* （1.83）			−0.029 （−0.70）
ln*hotel*	0.042 （0.45）			0.029 （0.52）
ln*travagency*	−0.060 （−0.65）			−0.085 （−1.63）
ln*scenic*	−0.036 （−0.81）			−0.022 （−1.09）
ln*size*	−0.070 （−0.76）			0.031 （0.61）
ln*urban*	0.509* （1.77）			0.108 （1.10）

续表

	SDM 双固定	SLM 双固定	SEM 双固定	SDM 随机效应模型
ρ	−0.002 （−0.04）	0.044 （0.84）		0.220*** （4.40）
λ			0.007 （0.12）	
Variance				
sigma2_e	0.043*** （16.88）	0.044*** （16.88）	0.044*** （16.88）	0.055*** （16.81）
IC	101	101	5	6
Log Likehood	88.386	83.397	83.057	11.443
r2_w	0.196	0.178	0.181	0.170
Hausman 检验				217.34***

注：表中圆括号中为 Z 统计量；***、**、* 分别代表在 1%、5%、10% 的显著性水平。

基于空间杜宾模型（SDM）的时间地点双固定模型，可以得到产业集聚对旅游业全要素生产率增长的直接效应、间接效应和总效应。结果如表 6-5 所示。

表 6-5　基于空间杜宾模型的产业集聚对旅游业全要素生产率增长影响的估计结果

变量	直接效应	间接效应	总效应
ln*agg*	0.544*** （13.27）	−0.141 （−1.42）	0.403*** （4.35）
ln*hotel*	−0.036 （−0.97）	0.007 （0.05）	−0.030 （−0.22）
ln*travagency*	0.068 （1.14）	−0.020 （−0.14）	0.048 （0.32）
ln*scenic*	−0.019 （−0.86）	0.079 （1.28）	0.059 （0.85）

续表

变量	直接效应	间接效应	总效应
ln*size*	−0.396*** （−8.33）	−0.072 （−0.65）	−0.469*** （−3.85）
ln*urban*	0.425*** （3.12）	−0.679* （−1.98）	−0.254 （−0.73）
ln*industry*	−0.376*** （−3.67）	−0.31 （−1.16）	−0.686** （−2.44）

注：表中圆括号中为 *Z* 统计量；***、**、* 分别代表在 1%、5%、10% 的显著性水平。

由以上计量结果可知：第一，空间滞后系数 ρ 为 0.044，但在 10% 的显著性水平下仍不显著，这表明旅游产业集聚对全要素生产率增长影响的空间溢出效应并不显著；第二，从空间杜宾模型（SDM）的时间地点双固定模型的结果来看，产业集聚对全要素生产率影响的直接效应明显，但间接效应并不显著。这意味着对于旅游产业来说，一个省份产业集聚水平的提高，并不能有效地促进相邻省份全要素生产率的增长，产业集聚对提高旅游业全要素生产率增长率的空间溢出效应不明显。而相关研究证明，对于一些产业来说，集聚对产业全要素生产率增长的空间溢出效应十分明显（钟廷勇、国胜铁、杨珂，2015）。

6.4 本章小结

随着区域一体化的不断推进，相邻省域间的经济交流与合作日益加深。在此背景下，本章将空间因素纳入模型，对各省旅游业产业集聚影响全要素生产率增长的机制做进一步的深入研究，探讨产业集聚对旅游业全要素生产率增长影响的空间溢出效应。结果发现：产业集聚对提高旅游业全要素生产率增长率的空间溢出效应不明显，也就是说，一个省份产业集聚水平的提高，并不能有效地促进相邻省份全要素生产率的增长。造成这一现象的原因可能是：我国旅游业尚处在初步发展阶段，产业集聚的程度较低，只有少部分省份形成了明显的产业集聚态势。因此，产业集聚对全要素生产率影响的空间溢出效应有限。另外，我国旅游业区域合作不足，导致产业集聚所带来的成本优势和创新优势无法在不同省份之间共享。

第 7 章 研究结论、政策启示与研究展望

7.1 主要研究结论

我国旅游业正处在从粗放型增长向集约型增长转型的阶段，如何提升旅游业发展的效率和质量，激发创新，以实现中国旅游业的可持续发展，成为重要而关键的问题。本书在对产业集聚、全要素生产率以及产业集聚对全要素生产率影响进行理论综述和文献综述的基础上，以 2001—2019 年的省级面板数据为样本，对旅游业的产业集聚水平和全要素生产率水平进行了测量，并实证分析了产业集聚对旅游业全要素生产率的影响程度、作用机制、门限特征和空间溢出效应。得到的主要结论如下：

第一，就旅游业产业集聚和全要素生产率的状况来看，中国旅游业出现了产业集聚的趋势，但大部分省份旅游业产业集聚的程度较低，只有北京、上海、浙江、广东、海南、重庆、云南 7 个省份的旅游产业区位商超过 1，呈现出明显的聚集态势。2001—2019 年，我国旅游业全要素生产率的平均增长率为 5.9%。将全要素生产率分解为技术进步和技术效率，可知 2001—2019 年，技术进步实现增长 7.0%，但是技术效率退化了 1.1%。由此可知，2001—2019 年，我国旅游业全要素生产率的增长主要是由技术进步推进的，旅游业技术效率较低，现有技术并未得到充分利用。

第二，产业集聚对旅游业全要素生产率增长具有极强的促进作用，这意味着各地区可以通过产业集聚提升旅游业的全要素生产率。同时，产业集聚

对我国旅游产业的技术进步影响并不显著，但产业集聚对旅游业技术效率具有显著的促进作用。

第三，增加旅行社和星级酒店的数量，能够有效地提升旅游业的全要素生产率。同时，增加固定资产投资规模对我国旅游业全要素生产率的提升具有显著的负向影响。

第四，产业集聚对旅游业全要素生产率增长的影响存在双重门限特征。在产业集聚水平（*agg*）小于门限值 1.8532 时，产业集聚对旅游业全要素生产率的影响系数为 0.5532；当产业集聚水平（*agg*）跨过第一个门限值 1.8532 时，产业集聚对旅游业全要素生产率增长的影响系数增加到 1.0778；当产业集聚水平（*agg*）跨过第二个门限值 2.4778 时，产业集聚对旅游业全要素生产率增长的影响系数降低到 0.6935。这一结论与理论上的预期相一致，根据胡佛的“最佳规模论”，随着产业集聚水平的提高，“集聚力”会越来越弱，“分散力”会越来越强，产业集聚对全要素生产率增长率的促进作用会越来越弱。

第五，产业集聚对提高旅游业全要素生产率的空间溢出效应不明显。造成这一现象的原因可能是：我国旅游业尚处在初步发展阶段，产业集聚的程度较低，只有少部分省份形成了明显的产业集聚态势。因此，产业集聚对全要素生产率影响的空间溢出效应有限。另外，我国旅游业区域合作不足，导致产业集聚所带来的成本优势和创新优势无法在不同省份之间共享。

7.2 政策启示

基于以上结论，得到的政策启示如下：

第一，政府应坚持促进旅游业产业集聚的政策方向，并制定相关的产业政策促进旅游业的产业集聚。本书通过第 4 章的实证研究，证明产业集聚对我国旅游业全要素生产率的提高具有极大的促进作用。提高产业集聚水平，能够有效提升我国旅游业的全要素生产率水平，扩大创新所引起的生产率的增加。因此，各级政府应出台相关的产业政策，对旅游业产业集聚进行积极的规划和引导。同时，在第 5 章中，本书通过面板门限回归模型，证明了我国旅游业产业集聚对全要素生产率的影响存在门限特征，即当产业集聚水平超过某一数值时，产业集聚对全要素生产率的促进作用会有所下降。因此，各级政府应根据本地旅游业集聚的水平，制定科学合理的产业政策，实现本地旅游业的适度集聚。当集聚水平较低时，应加大促进旅游产业集聚的形成和发展的政策力度；当旅游产业集聚已经达到一定水平时，应对促进旅游业产业集聚的政策有所收敛。

第二，政府应积极引导旅游企业之间的合作。从第 4 章的计量结果来看，产业集聚对旅游业技术进步的促进效应不显著。造成这一现象的原因之一是我国旅游企业之间的沟通和合作不足（冯卫红，2010），导致产业集聚不能对旅游业的技术进步产生显著的促进作用。因此，在目前的状况下，政府应积极引导企业间的合作，具体的途径包括：首先，建立沟通渠道，如发展行业协会等非政府组织，使其成为企业信息交互的平台；其次，完善合作机制，鼓励旅游企业采用签订协议的模式进行合作。目前我国旅游企业间的合作还很不规范，大多是通过熟人介绍建立起来的客户关系，一般采用口头协议或默许，并没有签订协议。因此，一旦发生纠纷，将很难通过法律的途径解决，久而久之破坏了旅游企业之间的相互信任和合作的积极性。所以，政府应鼓励旅游企业通过签订契约的方式，将合作过程中双方的权利和义务规定清楚，以此来实现双方利益的最大化，促进旅游企业间的合作。

第三，政府应在信息和资金等方面对本地旅游企业的建立和发展加以扶持。从第 4 章的计量分析结果来看，增加旅行社和景区的数量，能够有效提升旅游业的全要素生产率。因此各级政府应在信息、资金等方面对旅游企业的建立和发展加以扶持。具体来说：在信息方面，应建立旅游企业数据库，以便于企业获取信息，与相关企业开展合作。在资金方面，我国各级政府可以参照美国威斯康星州立政府的做法，设立专项资金，以遴选旅游建设项目的方式，对旅游目的地内有潜力的企业加以扶持。同时，应广泛利用民间资本，开发旅游企业融资的新渠道，如采用政府和社会资本合作（PPP）方式解决旅游企业的融资问题。

第四，政府对于旅游业的固定资产投资规模应加以控制。由第4章的计量分析结果可知，目前增加固定资产投资规模对我国旅游业全要素生产率的提升具有显著的负向影响。可能的原因是，我国旅游业尚处于起步阶段，在增加对旅游业的固定资产投资，扩大旅游业规模的同时，管理、服务、营销等方面却相对滞后，这无形中抑制了旅游业全要素生产率的提升。近年来，我国旅游业固定资产投资发展迅速，数额巨大。以长白山自然保护区为例，在旅游开发的号角声中，大批开发商涌入长白山地区，建设了多个投资百亿元的大项目，如总投资达230亿元的长白山万达国际旅游度假村项目、总投资120亿元的抚松长白山广泽旅游开发有限公司长白山广泽旅游度假区项目、总投资89亿元的抚松县长白山国际度假区（北区）项目等。固定资产投资规模的扩大，固然提升了旅游景区基础设施的水平，但给当地生态环境带来了一定影响。旅游目的地的吸引力来源于自然风光的原始性和人文景观的独特性，如果这些核心标的物遭到破坏，旅游业的生产效率将大幅下降。所以在进行旅游业固定资产投资时，应充分考虑当地生态系统的承载力，对超过生态承载力的固定资产投资，应加以限制。

第五，政府应积极推进旅游业的区域合作。根据第6章实证研究的结果，产业集聚对提高旅游业全要素生产率的空间溢出效应不明显。也就是说，一个省份产业集聚水平的提高，并不能有效地促进相邻省份全要素生产率的增长。而对于其他一些产业来说，集聚对提高产业全要素生产率的空间溢出效应十分明显。这表明我国旅游业区域合作不够，导致产业集聚所带来的创新优势无法在不同省份之间共享。针对这种情况，各级政府应顺应区域经济一体化的发展趋势，积极推进旅游业的区域合作。2014年8月出台的《国务院关于促进旅游业改革与发展的若干意见》明确提出，“要推动区域旅游一体化，完善区域旅游合作机制，建立旅游交通、信息和服务网络，构建区域旅游合作体。形成区域发展的观念，实现区域旅游业的联动发展。”总体来说，应通过资源整合、市场整合、营销整合、基础设施整合来实现旅游业的区域一体化。具体而言，首先，资源整合。应打破狭隘的地方主义，促进旅游资源在不同省域内的整合，开发一批跨省域的主题旅游线路，如横跨河南—陕西—宁夏—青海—甘肃—新疆的“丝绸之路”旅游线路，以及纵贯天津—江苏—上海—浙江—福建—广东的“海上丝绸之路”旅游线路等。其次，市场整合。对不同省域的客源市场进行整合，实现客源互输、市场共享、建立“无障碍旅游区”、打造统一的旅游市场，以此来推进区域旅游一体化的发展。再次，营销整合。我国各省份应借鉴美国东部城市旅游群区域建设的做法。加强不同省域景点之间的相互推介，在各个省域的旅游咨询服务中心增设周边省域的窗口，提供周边省域旅游相关信息，向游客推介宣传周边省域的景点。发挥各地新闻媒介的作用，加强地区之间的相互宣传，或者开辟专栏和版面，实现区域内信息互动。加强区域整体的对外宣传，打破目前按行政区划对外促销的传统做法，按旅游市场规律、旅游线路组合的要求重新整合资源，统一对外促销，树立整体形象，提高区域整体知名度。最后，基础设施整合。以客流量大的旅游城市为核心，建立省际的快速交通网，并加强电力、供水、通信等基础设施建设的跨区域合作。通过基础设施的整合为跨区域的旅游合作提供保障。

7.3　不足之处和研究展望

本研究尚有不足之处，期待在后续的研究中加以完善。

第一，囿于各个旅游企业经营收益等数据获取的困难，本书选取区位商作为各省各年旅游业集聚水平的衡量指标。区位商是衡量产业集聚的常用指标，但与此同时，该指标是一个比较粗略和宽泛的指标。虽然能在一定程度上反映产业集聚的水平，但是不能反映企业地理分布的具体状况。期待在以后的研究中，通过更为细致的指标，对产业的空间集聚进行更科学、全面的衡量。

第二，本书使用宏观数据对旅游产业集聚对旅游业全要素生产率的影响进行分析，期待以后进行一些微观的调研，对产业集聚对旅游业生产效率的影响程度及机制进行更深入细致的观察和剖析。

参考文献

［1］林源源．我国区域旅游产业经济绩效及其影响因素研究［D］．南京：南京航空航天大学，2010.

［2］迈克尔·波特．竞争战略［M］．波士顿：哈佛商学院出版社，1998.

［3］冯卫红．旅游产业集聚的动因分析［J］．经济问题，2009（7）：114–116.

［4］阿尔弗雷德·韦伯．工业区位论［M］．北京：商务印书馆，2010.

［5］唐华．高新技术产业集聚创新系统的构建［J］．财经科学，2004（6）：70–73.

［6］石培哲．产业集聚形成原因探析［J］．经济师，2000（3）：18–19.

［7］梁琦．产业集聚论［M］．北京：商务印书馆，2004.

［8］王承云．日本研发产业的空间集聚与影响因素分析［J］．地理学报，2010（4）：387–396.

［9］袁海．中国省域文化产业集聚影响因素实证分析［J］．经济经纬，2010（3）：65–67.

［10］关利欣．不同所有制企业对中国产业集聚的影响［J］．国际经济合作，2014（6）：15–21.

［11］白重恩，杜颖娟，陶志刚等．地方保护主义及产业地区集中度的决定因素和变动趋势［J］．经济研究，2004（4）：29–40.

［12］范剑勇．市场一体化、地区专业化与产业集聚趋势［J］．中国社会

科学，2004（6）：39–51.

［13］梁琦. 中国工业的区位基尼系数——兼论外商直接投资对制造业集聚的影响［J］. 统计研究，2003（9）：21–25.

［14］吴学花，杨蕙馨. 中国制造业产业集聚的实证研究［J］. 中国工业经济，2004（10）：36–43.

［15］王子龙，谭清美，许箫迪. 产业集聚水平测度的实证研究［J］. 中国软科学，2006（3）：109–116.

［16］陈飞. 区域产业集聚水平测度及影响因素分析［J］. 东北财经大学学报，2011（9）：50–55.

［17］袁海红，张华，曾洪勇. 产业集聚的测度及其动态变化［J］. 中国工业经济，2014（9）：38–50.

［18］陈建军，胡晨光. 产业集聚的集聚效应——以长江三角洲次区域为例的理论和实证分析［J］. 管理世界，2008（6）：68–83.

［19］王海宁，陈媛媛. 产业集聚效应与工业能源效率研究——基于中国25个工业行业的实证分析［J］. 财经研究，2010（9）：69–79.

［20］周圣强，朱卫平. 产业集聚一定能带来经济效率吗：规模效应与拥挤效应［J］. 产业经济研究，2013（3）：12–22.

［21］姚林如，李莉. 劳动力转移、产业集聚与地区差距［J］. 财经研究，2006（8）：135–143.

［22］王艳荣，刘业政. 农业产业集聚对农民收入影响效应研究［J］. 农业技术经济，2011（9）：50–57.

［23］郑季良. 论产业集聚生态效应及其培育［J］. 科技进步与对策，2008（25）：51–54.

［24］刘志阳，姚红艳. 新兴战略产业的集群特征、培育模式与政策取向［J］. 重庆社会科学，2011（3）：50–52.

［25］陈凤花. 地方政府在产业集群发展中的作用研究——以驻马店市驿城区产业集群发展为例［D］. 郑州：郑州大学，2013.

［26］周丽君，高雪娇. 长白山旅游产业集聚识别及影响因素分析［C］.

区域旅游：创新与转型——第十四届全国区域旅游开发学术研讨会暨第二届海南国际旅游岛大论坛论文集，2009：207-213.

[27] 邓冰，俞曦，吴必虎 . 旅游产业的集聚及其影响因素初探 [J]. 桂林旅游高等专科学校学报，2004，15（6）：53-57.

[28] 刘佳，张佳佳 . 中国大陆沿海地区旅游产业集聚及其影响因素研究 [J]. 改革与战略，2014（3）：73-78.

[29] 查方勇 . 旅游产业集群竞争力评价分析与实证研究——以西安市为例 [D]. 西安：长安大学，2009.

[30] 冯卫红 . 旅游产业集群形成和演进研究——以平遥古城为例 [D]. 郑州：河南大学，2008.

[31] 杨勇 . 聚集密度、多样化与旅游业发展：基于省级动态面板数据的实证研究 [J]. 商业经济与管理，2012（5）：49-56.

[32] 曹宁 . 基于区位熵方法的旅游集群产业集聚度评价：以沈阳市为例 [J]. 辽宁大学学报（哲学社会科学版），2013（5）：84-88.

[33] 朱翠兰，黄安民 . 泉州市旅游产业集群发展探析 [J]. 四川旅游学院学报，2014（2）：58-60.

[34] 暴向平，李庆雷，郭瑞斌 . 西安市旅游产业集群判定和识别研究 [J]. 三峡大学学报（人文社会科学版），2014（1）：42-45.

[35] 刘佳，赵金金 . 中国旅游产业结构与产业集聚空间关联与相互作用的实证研究 [J]. 首都经济贸易大学学报，2013（3）：40-49.

[36] 王凯，易静 . 区域旅游产业集聚与绩效的关系研究——基于中国 31 个省区的实证 [J]. 地理科学进展，2013，32（3）：465-474.

[37] 冯卫红 . 旅游产业集群创新机制：基于案例的总结和探讨 [J]. 改革与战略，2013，29（11）：100-104.

[38] 郭为，何媛媛 . 旅游产业的区域集聚、收敛与就业差异：基于分省面板的说明 [J]. 旅游学刊，2008（3）：29-36.

[39] 王绍光，胡鞍钢 . 中国：不平衡发展的政治经济学 [M]. 北京：中国计划出版社，1999.

[40] 郑京海，刘小玄，Bigsten Arne. 1980—1994 年期间中国国有企业的效率、技术进步和最佳实践 [J]. 经济学（季刊），2002，4（3）：521–540.

[41] 林毅夫，刘培林. 经济发展战略对劳均资本积累和技术进步的影响——基于中国经验的实证研究 [N]. 北京大学中国经济研究中心讨论稿系列 No.C2003001，2003–2–25.

[42] 郑京海，胡鞍钢. 中国改革时期省际生产率增长变化的实证分析（1979—2001 年）[J]. 经济学（季刊），2005，4（2）：263–296.

[43] 左冰，保继刚. 1992—2005 年中国旅游业全要素生产率及省际差异 [J]. 地理学报，2010，63（4）：417–427.

[44] 林源源，季斌. 基于DEA的城市旅游企业技术效率测度及比较 [J]. 企业经济，2008（4）：23–25.

[45] 岳宏志，朱承亮. 我国旅游产业技术效率及其区域差异：2001—2007 年 [J]. 云南财经大学学报，2010（2）：36–43.

[46] 王恩旭. 区域旅游产业效率评价研究——以中国 31 个地区为例 [C]. 北京：2012 中国旅游科学年会论文集，2012.

[47] 赵磊. 中国旅游全要素生产率差异与收敛实证研究 [J]. 旅游学刊，2013，28（11）：12–23.

[48] 周晓歌. 旅游产业技术效率：总体测量与国别比较 [J]. 深圳特区经济，2014（12）.

[49] 张丽峰. 基于 DEA — Malmquist 指数模型的旅游业全要素生产率研究 [J]. 干旱区资源与环境，2014，28（7）：183–187.

[50] 朱承亮，岳宏志. 基于随机前沿生产函数的我国区域旅游产业效率研究 [J]. 北京：旅游学刊，2009（12）.

[51] 张鹏，于伟，徐东风. 我国省域旅游业效率测度及影响因素研究——基于 SFA 和空间 Durbin 模型分析 [J]. 北京：宏观经济研究，2014（6）.

[52] 范剑勇. 产业集聚与地区间劳动生产率差异 [J]. 经济研究，2006（7）：72–81.

[53] 赵伟，张萃．中国制造业区域集聚与全要素生产率增长川 [J]．上海交通大学学报（哲学社会科学版），2008（5）：52–56.

[54] 刘艳萍．产业集聚、企业规模与全要素生产率增长——基于长江三角洲制造业行业面板数据的分析 [J]．技术经济，2010，29（2）：54–59.

[55] 战炤磊，王凯．产业集聚企业规模与农产品加工业全要素生产率——来自江苏的证据 [J]．中南财经政法大学学报，2012（194）：134–140.

[56] 李静，李宁周．制造业集聚和全要素生产率——基于制造业微观数据经验研究 [J]．合肥工业大学学报（社会科学版），2013，27（5）：10–16.

[57] 胡玫，刘春生，王云洁．中国与东盟六国机电产品贸易潜力研究 [J]．兰州商学院学报，2015（2）：111–118.

[58] 刘少奎．我国金融发展对城乡收入差距的影响途径 [J]．东方企业文化，2013（23）：293–294.

[59] 柴志贤，黄祖辉．集聚经济与中国工业生产率的增长 [J]．数量经济技术经济研究，2008（11）：3–15.

[60] 范剑勇，冯猛，李方文．产业集聚与企业全要素生产率 [J]．世界经济，2014（5）：51–73.

[61] 陈良文，杨开忠，沈体雁，等．经济集聚密度与劳动生产率差异——基于北京市微观数据的实证研究 [J]．经济学（季刊），2008，8（1）：99–112.

[62] 刘修岩．集聚经济与劳动生产率：基于中国城市面板数据的实证研究 [J]．数量经济技术经济研究，2009（7）：109–119.

[63] 童馨乐，杨向阳，陈媛．中国服务业集聚的经济效应分析：基于劳动生产率视角 [J]．产业经济研究，2009，43（6）：30–37.

[64] 张海峰，姚先国．经济集聚、外部性与企业劳动生产率——来自浙江省的证据 [J]．管理世界，2010（12）：45–52.

[65] 孙浦阳，韩帅，许启钦．产业集聚对劳动生产率的动态影响 [J]．世界经济，2013（3）：33–53.

［66］陈柳．中国制造业产业集聚与全要素生产率增长［J］．山西财经大学学报，2010（12）：60–66.

［67］李华敏，丁珂，兰娟丽．利益集团视角下产业集聚对全要素生产率的影响——以中国制造业为例［J］．西安财经学院学报，2013（4）：21–26.

［68］余文涛．创新产业集聚对区域创新与生产效率的影响［D］．北京：中国科学技术大学，2014.

［69］魏下海．中国全要素生产率增长与人力资本效应研究［D］．天津：南开大学，2010.

［70］杨勇．专业化、多样化与旅游业发展——基于中国当前统计数据的实证分析［J］．经济评论，2011（2）：119–128.

［71］左冰，保继刚．1992—2005 年中国旅游业全要素生产率及省际差异［J］．地理学报，2008，63（4）：417–427.

［72］杨勇．中国旅游产业区域聚集程度变动趋势的实证研究［J］．旅游学刊，2010（10）：37–42.

［73］赵磊，全华．外部性、市场潜能与旅游业发展——来自中国的经验证据［J］．财贸经济，2013（2）：112–123.

［74］刘春季．我国竞争行业生产效率的实证分析［J］．技术经济与管理研究，2012（6）：100–104.

［75］吴迎新，徐淑一．基于随机前沿生产函数的纺织业技术效率分析［J］．广东社会科学，2010（2）：46–51.

［76］杨亚丽，孙根年．城市化推动我国国内旅游发展的时空动态分析［J］．经济地理，2013（7）：169–175.

［77］王滨．FDI 技术溢出、技术进步与技术效率——基于中国制造业 1999—2007 年面板数据的经验研究［J］．数量经济技术经济研究，2010（2）.

［78］黄凌云，鲍怡．制度特征、FDI 对我国制造业技术效率的影响——基于行业数据的分析［J］．经济学家，2009（11）：22–29.

［79］王媛媛．中国旅游业引进外资的现状、走势评估及外商投资旅游业产生的影响［D］．石家庄：河北师范大学，2007.

[80] 高楠，马耀峰，李天顺，等. 旅游产业空间集聚识别方法分析及实证研究——以环渤海地区为例 [J]. 陕西师范大学学报（自然科学版），2012（2）：85-92.

[81] 廖静娴. 浅谈我国高星级酒店扩张中呈现的问题 [J]. 科技信息，2009（26）：556-557.

[82] 高楠，马耀峰，李天顺，等. 1994 年以来山西入境旅游区域差异特征及影响因素分析 [J]. 干旱区资源与环境，2013（1）：202-208.

[83] 冯卫红. 集群战略：旅游地升级发展的新路径 [J]. 理论探索，2010（4）：79-81.

[84] 梁琦，詹亦军. 产业集聚、技术进步和产业升级：来自长三角的证据 [J]. 产业经济评论，2005（2）：50-69.

[85] 刘秉镰，武鹏，刘玉海. 交通基础设施与中国全要素生产率增长——基于省域数据的空间面板计量分析 [J]. 中国工业经济，2010（3）：54-64.

[86] 舒辉，周熙登，林晓伟. 物流产业集聚与全要素生产率增长——基于省域数据的空间计量分析 [J]. 中央财经大学学报，2014（3）：98-105.

[87] 王良健，袁凤英，何琼峰. 基于异质面板模型的我国省际旅游业发展与经济增长研究 [J]. 经济地理，2010（2）：311-316.

[88] 陈锦龙，王良健，李晶晶. 我国省际旅游业发展影响因素的空间计量研究 [J]. 旅游论坛，2011（2）：41-46.

[89] 吴玉鸣. 旅游经济增长及其溢出效应的空间面板计量经济分析 [J]. 旅游学刊，2014（2）：16-24.

[90] 祁毓，王学超. 东道国劳工标准会影响中国对外直接投资吗？ [J]. 财贸经济，2012（4）：98-105.

[91] 廖显春，夏恩龙. 为什么中国会对 FDI 具有吸引力？——基于环境规制与腐败程度视角 [J]. 世界经济研究，2015（1）：112-119.

[92] Marshall A. Principles of Economics [M]. London：Macmillan，1961.

[93] Krugman, P. Increasing returns and economic geography [J] . Journal of Political Economy, 1991, 99 (3): 483–499.

[94] Bruce E. Hansen. Threshold effects in non–dynamic panels: Estimation, testing and inference [J] .Journal of Econometrics, 1999, 93: 345–368.

[95] K. Tucker 和 M. Sundberg. International trade in services [M] .New York, 1988.

[96] Robert M. Solow. Acontribution to the Theory of Economic Growth [J]. The Quarterly Journal of Economics, 1956, 70 (1): 65–94.

[97] Kendrick, John W., assisted by Maude R. Pech. Productivity Trends in the United States [M] . National Bureau of Economic Research (NBER) General Series No.71. Princeton: Princeton University Press, 1961.

[98] Jorgenson, D., Z. Griliches. The Explanation of Productivity Change [J] . Review of Economic Studies, 1967, 34 (3): 249–283.

[99] Abramovitz M. Resource and output trends in the United States since 1870 [J].American Economic Review Papers and Proceedings, 1956, 46: 1–23.

[100] Solow R. M.Technical change and the aggregate production function [J] .The Review of Economics and Statistics, 1957, 39 (3): 312–320.

[101] Massimo Del Gatto, Adriana Di Liberto and C. Petraglia.Measuring Productivity [R] . Working Paper CRENoS, 2008, Centre for North South Economic Research, University of Cagliari and Sassari, Sardinia.

[102] Caselli, Francesco. Accounting for Cross–Country Income Differences [M] . in Philippe Aghion and Steven Durlauf, eds., Handbook of Economic Growth, 2005, volume1, chapter9, pp. 679–741.

[103] Bernard, A., C. Jones. Comparing Apples to Oranges: Productivity Convergence and Measurement across Industries and Countries [J] . American Economic Review, 1996, 86 (5): 1216–1238.

[104] Islam N. Growth Empirics: A Panel Data Approach [J] . Quarterly

Journal of Economics, 1995, 110: 1127–1170.

[105] Farrell M J. The measurement of productive efficiency [J] . Journal of the Royal Statistical Society, 1957, 120A: 125–281.

[106] Charnes A., Cooper W. W., Rhodes E.. Measuring the efficiency of decision making units [J] . European Journal of Operational Research, 1979, 3 (4): 339.

[107] Caves D, L Christensen, W Diewert. The Economic Theory of Index Numbers and the Measurement of Input, Output, and Productivity [J] . Econometrica, 1982, 50: 1393–1414.

[108] Ronald Fisher. On the mathematical foundations of theoretical statistics [J] .Philosophical Transactions of the Royal Society, 1922, 222: 309–368.

[109] Färe, R., S. Grosskopf, M. Norris, et al. Productivity Growth, Technical Progress, and Efficiency Change in Industrialized Countries [J] . The American Economic Review, 1994, 84 (1): 66–83.

[110] Ray, S. C., Desli, E., Productivity Growth, Technical Progress, and Efficiency Change in Industrialized Countries: Comment [J] .American Economic Review, 1997, 87: 1033–1039.

[111] Aigner, D. J., Lovell, C. A. K. , Schmidt , P.. Formulation and Estimation of Stochastic Frontier Production Function Models [J] .Journal of Econometrics, 1977 (6): 21–37.

[112] Meeusen, W., Broeck, J., van Den. Efficiency Estimation from Cobb–Douglas Production Functions with Composed Error [J] . International Economic Review, 1977, 18: 435–444.

[113] Battese, E., Corra, S.. Estimation of a Production Frontier Model: with Application to the Pastoral Zone of Eastern Australia [J] . Australian Journal of Agricultural Economics, 1977, 21 (3): 169–179.

[114] Stevenson RF. Likelihood functions for generalized stochastic frontier estimation [J] . Journal of Econometrics, 1980, 13: 57–66.

[115] William H. Greene. Maximum likelihood estimation of econometric frontier functions [J] . Journal of Econometrics，1980，13：27–56.

[116] Nishimizu，M.，J. M. Page. Total Factor Productivity Growth，Technological Progress and Technical Efficiency Change：Dimensions of Productivity Change in Yugoslavia，1965–1978 [J] . Economic Journal，1982，92：920–936.

[117] Kumbhakar S. C..Estimation and Decomposition of Productivity Change when Production Is Not Efficient：A Panel Data Approach [J] . Econometric Reviews，2000，19：425– 460.

[118] Glaeser E.，et al. Growth of Cities [J] . Journal of Political Economy，1992，100：1126–1152.

[119] Michael E. Porter. Location Competition and Economic Development：Local Clusters in a Global Economy [J] . Economic Development Quarterly，2000，14（2）：15–34.

[120] Nettles C. Fostering cluster development in Wisconsin [R] . 2003. http：//www.uwsa.edu/ summit/papers/FosteringClusters.pdf.

[121] Montford，K.，Masurel，E.，Van Rijn，I. Service Satisfaction：AEmpirical Analysis of Consumer Satisfaction in Financial Services [J] . The Service Industries，2000，20（3）：80–94.

[122] Tebogo Molefe. South African Tourism Cluster Study Summary [R] . 2000.

[123] The World Ecotourism Summit– Final Report [R] . Madrid，Spain：World Ecotourism Organization and the United Nations Environment Programme，2002.

[124] Hallin，C.A.，Marnburg，E. Knowledge management in the hospitality industry：a review of empirical research [J] . Tourism Management，2008，29（2）：366–381.

[125] Siguaw，J. A.，Enz，C.A.，Namasivayam，K. Adoption of

information technology in US hotels: strategically driven objectives [J] . Journal of Travel Research, 2000, 39 (2) : 192–201.

[126] Novelli, M., Schmitz, B., Spencer, T. Networks, clusters and innovation in tourism: a UK experience [J] . Tourism Management, 2006, 27 (6) : 1141–1152.

[127] Michael, E.J.. Tourism micro–clusters [J] . Tourism Economics, 2003, 9 (2) : 133–145.

[128] SEEDA. SEEDA cluster fund–building your business for a better future [R] . 2003.Cluster fund brochure& call for proposal.

[129] Canina, L., Enz, C.A., Harrison, J.S. Agglomeration effects and strategies orientation: evidence from US lodging industry [J] . Academy of Management Journal, 2005, 48 (4) : 565–581.

[130] Hall, M. Tourism: Rethinking the social science of mobility [D] . Harlow: Prentice Hall, 2005.

[131] Julie Jackson. Developing regional tourism in China: The potential for activating business clusters in a socialist marketeconomy [J] . Tourism Management, 2006, 27: 695–706.

[132] Gollub James, Amy Hosier, Grace Woo. Using Cluster–Based Economic Strategy to Minimize Tourism Leakages [R] .Research Report Submitted to Global Economic Development Practice (GEDP) , San Francisco, California, 2002: 1–59.

[133] Geoge. Lafferty, Anthony Van Fossen. The role of clusters in preventing tourism decline: a conceptual and empirical examination [J] . International Journals of services technology and Management, 2005, 6 (2) : 1–59.

[134] Yong Yang. Agglomeration density and tourism development in China: An empirical research based on dynamic panel data model [J] . Tourism Management, 2012, 33: 1347–1359.

[135] Piga，C.A.G. Territorial planning and tourism development tax [J] . Annuals of Tourism Research，2003，30（4）：886–905.

[136] Schout，A.，Jordan，A. Coordinated European governance：self-organizing or centrally steered? [J] . Public Administration，2003，83（1）：201–220.

[137] Denison，Edward F. The Sources of Economic Growth in the United States and the Alternatives Before Us [R] . Washington，DC：Committee for Economic Development，1962.

[138] Yu Sheng. Measuring Output，Input and Total Factor Productivity in Australian Agriculture：An Industry–level Analysis [R] . Paper Prepared for the IARIW–UNSW Conference on Productivity：Measurement，Drivers and Trends. Sydney，Australia，2013.

[139] Lovell，C. A. K. The Decomposition of Malmquist Productivity Indexes [J] .Journal of Productivity Analysis，2003，20：437–458.

[140] Jens J. Kruger. The Global Trends of Total Factor Productivity：Evidence from the Nonparametric Malmquist Index Approach [R] . Oxford Economic Papers 55，2003.

[141] Krugman，Paul. The Myth of Asia's Miracle [J] . Foreign Affairs，1994，73（6）：62–78.

[142] Wang，Xiaolu，Lian，Meng. A Re–evaluation of China's Economic Growth [J] .China Economic Review，2001，12（4）：338–346.

[143] Kong，Xiang，Robert E. Marks，Wan Guang Hua，Technical Efficiency，Technological Change and Total Factor Productivity Growth in Chinese State–owned Enterprises in the Early 1990s [J] . Asian Economic Journal，1999，13（3）：267–281.

[144] Wu，Yanrui. Has Productivity Contributed to China's Growth? [J] . Pacific Economic Review，2003，8（1）：15–30.

[145] Wu，Yanrui. Is China's Growth Sustainable? A Productivity Analysis

[J] .China Economic Review，2000，11：278–296.

[146] Mao Weining，Won W Koo. Productivity Growth，Technological Progress，and Efficiency Change in Chinese Agriculture after Rural Economic Reforms：A DEA Approach [J] . China Economic Review，1997，8 (2)：157–174.

[147] Zhang Anming，Zhang Yimin，Zhao Ronald. Impact of Ownership and Competition on the Productivity of Chinese Enterprises [J] .Journal of Comparative Economics，2001，29 (2)：327–346.

[148] Zheng Jinghai，Liu Xiaoxuan，Arne Bigsten. Efficiency，Technical Progress，and Best Practice in Chinese State Enterprises (1980—1994)"，Journal of Comparative Economics [J] .2003，31 (1)：134–152.

[149] Anderson R I，Fisher M，Xia Y，et al. Measuring efficiency in the hotel industry：a stochastic frontier approach [J] . Hospitality Management，1999，18：45–57.

[150] Blake A，Sinclair M T，Soria J A C. Tourism productivity：evidence from the UK [J] .Annals of Tourism Research，2006，33 (4)：1099–120.

[151] Barros C P，Alves F P. Productivity in the tourism industry [J] . International Advances in Economic Research，2004，10，215–225.

[152] Svikauskas，Leo A. The Productivity of Cities [J] . Quarterly Journal of Economics，1975，89 (3)：393–413.

[153] Segal D. Are there Returns to Scale in City Size? [J] .Rveiew of Economics and Statistics，1976，58 (3)：339–350.

[154] Moomaw，Ronald L. Firm Location and City Size：Reduced Productivity Advantages as a Factor in the Decline of Manufacturing in Urban Areas [J] . Journal of Urban Economics，1985，17 (6)：73–89.

[155] Tabuchi T. Urban Agglomeration，capital aug–menting technology and Labor Market Equilibrium [J] . Journal of Urban Economics，1986，20：211–228

[156] Ciccone，Antonio and Hall，Robert E. Productivity and the Density of Economic Activity [J]. American Economic Review，1996，86：54–70.

[157] Dekle R，Eaton J，Agglomeration and Land Rents：Evidence from the Prefectures [J]. Journal of Urban Economics，1999，46：200–214.

[158] Harris T，Joannides Y. Productivity and Metropolitan Density. Working Paper，Department of Economics [M]. Tufts University，2000.

[159] Ottavianoo P，Pinellip D. Market Potential and Productivity：Evidence from Finnish regions [J]. Regional Science and Urban Economics，2006，36：636–657.

[160] Brülhart M，Mathys A. Sectoral Agglomeration Economies in a Panel of European Regions [J]. Regional Science and Urban Economics，2008，4：348–362.

[161] Braunerhjelm P，Borgman B. Agglomeration，Diversity and Regional Growth [Z]. CESIS electronic Working Paper Series，No.71，http：//www.infra.kth.se/cesis/documents/WP71.pdf，2006.

[162] Usai S，Paci R. Externalities and Local Economic Growth in Manufacturing Industries. In：Fingleton B，eds. European Regional Growth. Berlin：Springer–Verlag.

[163] Peri，G.（1992）. Local Characteristics and Growth in Italian Cities and Provinces：1961–1991.Mimeo，University of California，Berkeley.

[164] Bradley R，Gans J. Growth in Australian Cities. University of New South Wales Working Paper，1996，13.

[165] Cainelli G，Leoncini R. Ext ernalities and Long–term Local Industrial Development：Some Empirical Evidence from Italy [J]. Revue D'economie Industrielle，1999，90：25–39.

[166] Soest D P，Gerking S D，Oort F G. Knowledge Externalities，Agglomeration Economics and Employment Growth in Dutch Cities. Center Discussion Paper [M]. Tilburg University，2002.

[167] Lucio J, Herce J, Goieolea A. The Effects of Externalities on Productivity Growth in Spanish Industry [J] . Regional Science and Urban Economies, 2002, 32: 241-258.

[168] Cingano F, Schivardi F. Identifying the Sources of Local Productivity Growth [J] . Journal of the European Economic Association, 2004, 2: 720-742.

[169] Arup M. Agglomeration Economics as Manifested in Technical Efficiency at the Firm Level [J] . Journal of Urban Economics, 1999, 45: 490-500.

[170] Gopinath M, Piek D, Li Y. An Empirical Analysis of Productivity Growth and Industrial Concentration in US Manufacturing [J] . Applied Economics, 2004, 36: 1-17.

[171] Carlino G A. Increasing Returns to Scale in Metropolitan Manufacturing [J] . Journal of Regional Science, 1979, 19: 363-373.

[172] Jones C. R&D-Based Models of Economic Growth [J] . Journal of Political Economy, 1995, 103: 759-784.

[173] Patricia, Venables, Anthony J. Spatial Determinants of Productivity: Analysis for the Regions of Great Britain [M] . CEPR Discussion Paper , 2004, 4527.

[174] Midelfart K H. Does Agglomeration Explain Regional Income Inequalities. Mimeo [M] . Norwegian School of Economics and Business Administration and CEPR, 2004.

[175] Bautista A D.Agglomeration Economies, Economic Growth and the New Economic Geography in Mexico. EconWPA 0508001, http: // 129.3.20.41 / eps/urb/papers/0508/0508001.pdf, 2006.

[176] White H. A Heteroskedasticity-Consistent Covariance Matrix Estimator and a Direct Test for Heteroskedasticity [J] . Econometrica, 1980, 48 (4): 817-838.

[177] Hansen L. Large Sample Properties of GMM Estimation [J] . Econometrica，1982，50：1029–1054.

[178] Newey，Whitney K，Kenneth D A. Simple，Positive Semi–definite，Heteroskedasticity and Autocorrelation Consistent Covariance Matrix [J] . Econometrica，1987，55（3）：703–708.

[179] Baltagi B. Econometric Analysis of Panel Data（3rd ed.）[M] . New York：John Wiley & Sons，2005.

[180] Blundell，Bond R S. Initial conditions and moment restrictions in dynamic panel data models [J] . Journal of Econometrics，1998，87（1）：115–143.

[181] Allen J. Crime Against International Tourist [EB/OL] . NSW Bureau of Crime Statistics and Research，Number 43. www.lawlink.nsw.gov.au/bocsar/，1999.

[182] Kulendran N，Wilson K. Modeling Business Travel [J] . Tourism Economics，2000，6（1）：47–59.

[183] Shan J，Wilson K. Causality between trade and tourism：Empirical evidence from China [J] . Applied Economics Letters，2001，8（4）：279–283.

[184] Tiao G C，Tsay R S. Some advances in non–linear and adaptive modeling in time series [J] . Journal of Forecasting，1994，13：109–131.

[185] Hanson，Gordon. Scale Economies and the Geographic Concentration of Industry [M] . NBER Working Papers，2000.

[186] Bai J. Estimating Multiple Breaks One at a Time [J] . Econometric Theory，1997，（13）：315–352.

[187] Anselin Luc，Anil Bera. Spatial Dependence in Linear Regression Models with an Introduction to Spatial Econometrics [M] .Handbook of Applied Economic Statistics（New York：Marcel Dekker.），1998.

[188] Allers M，Elhorst J.Tax Mimicking and Yard stick Competition Among Local Governments in the Netherlands [M] . Working Paper，COELO

and University of Groningen, 2005.

[189] Moran Pap.The Interpretation of statistical maps [J] . Biometrika, 1948, 35: 255–260.

[190] Burridge.On the Cliff–Ord test for spatial correlation [J] . Journal of the Royal Statistical Society B, 1980, 42: 107–108.

后 记

本书稿是在我的博士论文基础上形成的。在即将出版之际，我内心充满感谢。

首先，我要感谢我的导师安烨教授。安老师视野开阔、思维活跃，引导我关注旅游产业这一国民经济的新兴产业。在我遇到学习和生活中的困难时，安老师总是以豁达的心态影响我，以智慧的言语鼓励我。师恩厚重，在此，向我的导师安烨教授献上衷心的感谢！

同时，我还要对我的硕士导师——吉林大学的纪玉山教授和香港浸会大学的林洁珍教授表示感谢，感谢这两位老师多年来给予我默默的关注和美好的期待。此外，我还要感谢东北师范大学商学院的崔铁刚老师和宋德玲老师，谢谢你们在四年半的博士生活中给予我的关怀和鼓励。

感谢我在吉林财经大学会计学院的领导和同事们，感谢你们对青年教师开展学术工作的帮助与支持。本书的出版得到了吉林财经大学科研处和会计学院的经费资助，在此表示感谢！

感谢中国旅游出版社的编辑为本书校对、出版付出的艰辛努力！

我要感谢我亲爱的丈夫，感谢你信实的陪伴和温馨的鼓励。我还要感谢我的两个儿子——予信和予望，谢谢你们常常给我带来信心和希望。

最后，我要感谢我的爸妈。我的爸爸常常鼓励我勇敢尝试，他期待我自信、自强，有更开阔的视野。记得童年时，他常常带我去公园和书店；少年时，他经常资助我出去旅行，看外面的世界……他经常对我说："爸爸永远是你的坚强后盾。”他给了我作为一个女儿所需要的所有安全感和力量。谢谢你，爸爸！我还要感谢我亲爱的妈妈——李晓梅女士，她帮我洗衣、做饭、照顾孩子，使我能够有时间看文献、做研究、写论文，是妈妈用她的辛劳为我换来了做研究的时间。妈妈身上的乐观和坚忍，是我一辈子都要学习的精神。“谁言寸草心，报得三春晖。”唯愿爸妈健康、平安！

郭悦

2023 年 3 月于长春